これでも「アベ」と心中しますか？

国民の9割を不幸にする安倍政治の落第通信簿

浜 矩子

新書

これでも「アベ」と心中しますか？
――国民の9割を不幸にする安倍政治の落第通信簿

目次

第二章　評価項目②——所信
——「21世紀版・大日本帝国」の下心が見えてくる

第三章

評価項目③——数字1【経済指標】

——見栄えのいい数字に隠された不都合な真実

第四章

評価項目④――数字2【支持率】

――支持・不支持の裏には二つの「不」がある

序章

妖魔の森の現場検証

チーム・アホノミクスの総合評価はむろん「F」

まずは、本書でやろうとしていることを申告させて頂ければと思う。

筆者は、これまで随分とたくさんの「アホノミクス本」を書かせて頂いてきた。いまや、アホノミクス・バッシングが筆者の貴重な飯の種になっているような様相を呈してきた。これがなくなると、筆者は食いっぱぐれか？　密かにそんな心配をしつつ、だが、アホノミクスの息の根が断たれる日を待ちわび、ひたすら、その日のために頑張っている。

なかなか自己矛盾に満ちた筆者の執筆ライフだ。その中で、今回の本書はどのような位置づけを占めることになるのか。筆者の他のアホノミクス本と、どこがどう違うのか。筆者自身としても、この点をしっかり確認しておかないと、話が進め難い。いつもながら、ひとまず、少しばかり長い前置きにお付き合い頂ければ幸いだ。どうぞよろしくお願いいたします。

ご覧の通り、本書の副題が「国民の9割を不幸にする安倍政治の落第通信簿」である。つまり、本書ではチーム・アホノミクスに関する成績評価を取りまとめようとしている。もとより、彼らに対する筆者の合否判定は、「不合格」だ。「F」という評価区分になる。FはFAIL（＝落第）のFだ。だから、ご覧の副題でも「落第通信簿」となっている。

なぜ、F評価なのか。

端的に言ってしまえば、それは彼らに下心があるからだ。

具体的には次章以降で検討することになるが、要するに、彼らは動機が不純なのである。政策責任者たる者たちが、決して抱いてはいけない下心。そのような不純な動機に基づいて動いている。この一点において、チーム・アホノミクスは、その個々の挙動を逐一個別評価の対象とするまでもなく、その基本姿勢において「F」集団なのである。

この観点から、筆者は常々、ことアホノミクスに関する限り、我々は「森をみて木をみず」でなければならないと考えている。つまり、個々の木々の枝ぶりや姿形を一々品評するのではなく、森全体としての暗さ・怖さ・危険さをしっかり見定めていくことが必要だと思うのである。

個々の木々に目を奪われて、「この木はいいが、こっちはダメだ」という風に鑑定し始めると、全体像のおぞましさから焦点がずれてしまう。不純な動機に基づいて植えられた木は、いかにその表向きの枝ぶりがよくても、根腐れしている。中身は虚だ。その虚の中に、何が巣食っているか解らない。アホノミクスの森は妖魔の森だ。妖魔が意図するところとの関係を忘れて、木々の個別形状に目を奪われてはいけない。

森が「F」なら木々もまた「F」

以上が筆者の基本認識だ。……と、このように大見得を切って宣言すると、「えっ」と思われる読者がおいでになるかと思う。そのような基本認識をもっているなら、通信簿をつける、成績評価を行う、というのはおかしいだろう。成績表というものは、個別科目に関する個別評価をベースとしている。個々の評価を積み上げた結果として、総合的な合否が決まる。つまりは、木々の枝ぶりに関する鑑定の集合解として森に関する評価が決まるわけだ。「森をみて木をみず」なのだと言いながら、木々への評価に基づいて森の合否を決めるというのは、支離滅裂ではないか。自家撞着だ。そうおっしゃりたくなるだろう。緻密に読み進んで頂けば頂くほど、この疑問が湧いてくるはずである。誠にごもっともである。

だが、本書で敢えてこの自家撞着的アプローチを取るについては、理由がある。それは、森がダメなら、やっぱり木々もダメになるということを確認したいという点だ。

前述の通り、妖魔の森の木々は、いかに表向きは健康そのものにみえても、やっぱり根腐れしていて、中身は空洞で、その空洞に何が潜んで、どんな毒を宿しているか解らない。

本書では、この構造を解明して行きたいと考えているのである。動機が不純な行動は、その行動自体が一見まともなものであっても、やっぱり、まともな結果はもたらさない。この関係を確認していきたい。

動機が不心得なものだと、どんなに勉強しても、どうしても真相はみえてこない。問題の本質をとらえていないと、どんなに精緻な分析も、誤った結論を導き出してしまう。

妙な野心や焦りや欲に動機づけられていると、いかに理路整然とした論理も、理路整然と間違ってしまう。よこしまな野望は良き結果にはつながらない。

元来、よこしまな野望は、よこしまであるということ自体をもって、棄却されるべきものだ。だが、それと同時に、よこしまな野望は、その結果が悪しきものとなることによって、おのずと自らを棄却に追い込む。筆者にはそう思われる。そこで、この関係を皆さんと一緒に検証していきたい。それが、本書の問題意識なのである。

この問題意識を踏まえて、本書ではいくつかの評価項目を設定し、それらについて順次チーム・アホノミクスの成績評価を行っていく。評価項目は次の通りだ。

・選挙
・所信
・数字その1＝経済指標
・数字その2＝支持率

以下の各章でこれらの評価項目に関する彼らのパフォーマンスを検討していく。この中で、第二の評価項目である「所信」はかなりの程度まで、彼らの下心そのものに重なる面がある。その意味で、これを評価項目に立てることには、やや知的粗雑さと混迷があるかもしれない。それは意識している。だが、それでもやはり、「表向きに表明された所信」という名の木の中に森の暗さがどう投影されているかということは、押さえておく必要があるだろう。そのように考えた。

というわけで、次章からいよいよ妖魔の森の中に分け入っていく。本来ならば、近づいてはいけない森だ。かなり怖い。たぶらかされる危険にも、大いに注意しておかなければならない。なかなか勇気のいる点検作業になる。この種の現場検証には覚悟がいる。だが、皆さんとともに行く道だから、大丈夫だ。

作業完了後、点検結果をご一緒に総括することが楽しみだ。それでは、いざ。

第一章

評価項目①——選挙

——不純な動機がもたらした、二つの「こんなはずじゃなかった」

圧勝でも大勝でもなかった、ご都合主義にわか選挙

さて、ここからが実際の成績評価編だ。序章で申し上げた通り、最初の評価項目は「選挙」である。

選挙とくれば、チーム・アホノミクスは、これぞ我らが得意中の得意科目だと言い張るに違いない。何しろ、自分たちは選挙に打って出るたびに大差で勝利している。そう主張するだろう。チーム・アホノミクスの大将も、何かにつけて「選挙で、これだけたくさんの皆さんから支持して頂いた我ら」という類の言い方をする。

こと選挙に関する限り、我らに対する評価は「A＋」（100点満点で95点から100点に相当。大学院レベル。以下同様）が当然だ。それ以外の評価はあり得ない。「A＋」よりも低い評価をつけたら、それは不当だ。アカハラ（アカデミィック・ハラスメント）だ。クレームつけるぞ。さぞや、そのように騒ぎ立てるものと思われる。

だが、本当にそうか。彼らも、胸の奥底からそのように確信しているであろうか。実

際問題として、本稿執筆時点で直近の選挙だった２０１７年10月の総選挙についてみると面白い。そこには、「Ａ＋」とはかなり違う姿が浮かび上がってくるのである。

２０１７年10月22日、第48回衆議院議員選挙が実施された。降って湧いたようなにわか解散がもたらした総選挙だった。ほんの少し前まで、チーム・アホノミクスの大将は、「自分の頭の中には解散の『か』の字もない」という趣旨の発言を繰り返していた。ところが、突如として「国難突破解散」だと叫んで選挙に突入してしまった。「国難突破解散」とは、何ともはや。当初は、そう感じて愕然《がくぜん》とした。だが、しばしあって、全くその通りだと思うにいたった。「安倍政権」という名の国難を、我々有権者が突破するための解散。つまりは、そういうことだと大いに納得した。チーム・アホノミクスの大将も、存外に正直者なのか。ふと、そんなふうにも思ってしまった。

それはともかく、この選挙の結果をどう読むか。

新聞各紙は、軒並み「自公圧勝」・「自公大勝」と伝えた。テレビやラジオの報道も、「圧勝・大勝」の伝え方で足並みを揃えた。

さて、果たして本当にそれでよかったのか。筆者は、違うと思う。確かに、自公連合は改選後総議席数465のうち、313議席を占めて総議席数の3分の2を上回る位置づけを確保した。その意味で、野党側に対して圧倒的に大きな議席数格差をつけたことは間違いない。だが、このこと自体は今に始まったことではない。

選挙前においても、これが衆院の議席構図であった。つまり、この選挙によって新たな自公圧勝構図が出現したわけではない。さらに言えば、ここで注意を要する極めて重要な点がある。

実を言うと、自公連合は、選挙実施前に比べて議席を減らしているのである。まず、公明党が選挙前の35議席から6議席を失い、選挙後の議席数は29となった。自民党は、結果的に選挙前と同じ284議席数を確保した。だが、この中には選挙後の追加公認者3人が含まれている。この帳尻合わせがなければ、自民党もまた、選挙前比で議席減となっていたところなのである。ちなみに、比例代表の東海ブロックでは、立憲民主党の候補者が当選者数に足りず、自民党に議席を譲るという展開もみられた。

この選挙結果をもって、自公の「圧勝・大勝」と言っていいのか。そうではないだろう。選挙前に比べて大幅に獲得票数を伸ばしてこその「圧勝・大勝」ではないのか。実際には、彼らは選挙前比で議席数を減らしている。確かに、減らした議席はわずかだ。だが、減少は減少である。このような姿を正確に表現するには、新聞の見出しはどのようにするのが適切か。

それは、「自公、辛くも選挙前勢力維持」というような書き振りになるのではないか。つまり、辛うじて合格だ。ギリギリ、「F」にはならずに済んだ。それこそ、今回の選挙結果ではないのか。辛うじて合格は、「C」というランクになる。

ただし、「C」にも幅がある。100点満点でいえば、70点から74点が「C」ランクである。これを今回の選挙結果にあてはめれば、何とか70点というところだ。もっとも、わずかといえども議席数を減らしたという事実そのものをもって、「F」の判定を下すことも十分に可能だろう。情け容赦なく厳格に判断すれば、そういうことになる。「A+」どころの話ではない。

この辺のところは、実を言えば、自公連合もそれなりに意識してはいるだろう。現実を直視する姿勢があるのであれば、そうなるはずだ。チーム・アホノミクスにどこまでそのような素直さがあるかどうか、疑問ではある。

だが、さすがに、選挙後のチーム・アホノミクスの大将の表情は、さほど冴えたものではなかった。少なくとも、選挙前の目論見とはいささか違う結果になったという思いはあったのだろう。結構な「こんなはずじゃなかった」感を味わったはずである。

瓢箪から躍り出た想定外の駒

チーム・アホノミクスにとっての「こんなはずじゃなかった」問題は、もう一つあった。それは、立憲民主党の出現である。この点も、今回の選挙に関する成績評価上、見落とすわけにはいかない。

こういうのを、まさに瓢箪《ひょうたん》から駒が出たというのだろう。小池百合子氏率いる「希望の党」が登場したことで、衆院の民進党は事実上の崩壊に追い込まれた。これで、まともなリベラルの火は消えるのか。そう思われた矢先、旧民進党の枝野幸男氏が立憲民主党を立ち上げた。その一方で、選挙の一大焦点になると目されていた「希望の党」は完全失速した。

そこにいたる経緯を詳述することは、本書の守備範囲を外れるので、立ち入ることは見送っておく。ポスト妖怪アホノミクスの世界では、緑の妖怪グリーンモンスターの打倒を目指さなければいけなくなるかもしれないが、それはその時のことである。

それはさておき、ここで注目すべき点は、にわか仕立てであったにも関わらず、立憲民主党が大いに集票力を発揮したことである。共産党のサポートも得て、「市民と立憲野党の共闘」という形を打ち出せたことが力になり、一気に野党第一党の位置につくことになった。

立憲民主党の獲得議席数は55に達した（追加公認1名を含む）。選挙前に現立憲民主党所属議員たちが占めていた15議席に比して、何と40議席増である。この展開によって、状況は選挙前とは全く変わった。

確かに、今なお、与野党間の議席数格差は極めて大きい。313対152である。だが、それでも、立憲民主を党名に掲げる政党が野党第一党のポジションに躍り出たことは大きい。

野党第一党は、野党を代表して与党と諸々の協議や交渉に当たる。そのような役割を担う政党がどのような党是に立脚しているかは、当然、国会運営のあり方に対して影響力を発揮する。チーム・アホノミクスの大将も、そうそう強引に憲法改正に向けての動きをごり押しするわけにはいかなくなる。連立パートナーの公明党は、そもそも、野党もそれなりに話に乗ってきてくれる形でなければ、憲法改正にあまり前のめりのイメージになることを潔しとしてはいなかった。そこに立憲民主を標榜する野党第一党が登場したとなれば、彼らはますます腰が引き気味になるだろう。

チーム・アホノミクスとしても、自分たちが解散に打って出ることで、野党再編の動きが一気に顕在化することは、それなりに予期していただろう。それによって、与野党横断的に保守勢力の存在感が一段と強まる。むしろ、そう踏んでいたかもしれない。

ところが、蓋を開けてみれば、全く彼らの想定外の結果が飛び出してきた。この展開は、彼らにとってかなり衝撃的であったに違いない。成績評価的にいえば、これまた完全に「F」だろう。前述の「辛うじて選挙前勢力維持」は、武士の情けで「C」にしてあげてもいい。

だが、瓢箪から出た駒に不意打ちを食らったのは、全くもって大失態だ。情けをかける余地はない。もっとも、心ある市民の側からみれば、この大失態が有り難かった。チーム・アホノミクスの大誤算のおかげで、日本の民主主義のためには、ひとまず、かぎりなく「A」に近い「B＋」といっていい結果が出た。敵失がもたらしてくれた朗報である。

こういうこともある。この辺りは、きめ細かい評価力をもって状況を仕分けしていく必要がある。

不純な動機がもたらす目論見外れ

さて、ここで少し整理しておこう。

今回の総選挙は、チーム・アホノミクスの大将によるにわか解散がもたらしたものだった。このにわか解散は、ご都合主義解散でもあった。「大義なき解散」。さかんにそのように報じられた。

どうしても、取り急ぎ民意を問わなければいけない課題があったわけではない。「もりかけ問題」と呼ばれるようになった二つの疑惑の追及を、何とかかわしたい。誰の目にも、これが本当の解散理由だとしか思われなかった。

折しも、野党側では第一党の民進党が足並み千々に乱れ、内輪もめで自壊しそうな様相を呈していた。この機に乗じて勢力をさらに拡大し、盤石の強さを手に入れてしまえ。そうすれば、疑惑追及など、おのずと尻すぼまりに消滅していく。このような目論見の下で、いかにも突飛な「国難突破」論を持ち出して、解散を敢行した。そうとしか、考えられなかった。

そして、このご都合主義解散は、二つの「こんなはずじゃなかった」をもたらした。第一に、勢力大幅拡大ならず、辛うじて選挙前の勢力を維持するに止まった。端的に言って、これでは何のために選挙に打って出たのか解らない。

第二に、全く想定していなかった新しい野党第一党という名の駒が、ご都合主義解散の瓢箪の中から踊り出て来た。こんなことなら、ご都合主義瓢箪など、持ち出さなければよかった。

こうしてみれば、この選挙は、チーム・アホノミクスにとって結局のところ誤算に次ぐ誤算を生み出した選挙だったというイメージが深まる。

ここで思い出して頂きたい。序章で、筆者は次の通り申し上げていた。

「よこしまな野望は良き結果にはつながらない。元来、よこしまな野望はよこしまであるということ自体をもって、棄却されるべきものだ。だが、それと同時に、よこしまな野望は、その結果が悪しきものとなることによって、おのずと自らを棄却に追い込む。筆者にはそう思われる」

筆者のこの仮説と今回のご都合主義解散騒動を突き合わせてみると、次のように言うことができそうである。

・今回の解散・総選挙は、よこしまな野望に基づくものだった。
・そのよこしまな野望は、一に疑惑隠し、そして二に敵弱しとみての奇襲攻撃であった。
・これらのよこしまな野望に基づく結果は、チーム・アホノミクスにとって悪しきものとなった。なぜなら、一に議席数を減らした。二に、弱かったはずの敵が全く想定外の形で善戦した。

・かくして、よこしまな野望はまさしく自滅作用をもたらした。

ただし、前述の通り、この自滅作用のおかげで、良き市民側にとっては選挙前に比べてかなり心強い状態が現出した。これは誠に喜ばしいことだ。だが、よこしまな野望が目論見外れをもたらすという関係は成立している。ここでは、この点を確認しておくことが重要だ。

半歩先の反面教師だったイギリスのメイ首相

ちなみに、不純な動機に基づいて選挙に打って出ると、思わぬ結果に見舞われるという点については、ごく最近の先例がある。イギリスのケースである。２０１７年6月、イギリスの与党保守党を率いるテリーザ・メイ首相が、やはり突如として議会解散に踏み切った。

イギリスの場合、日本のように時の首相に一方的な解散権があるわけではない。任期満了選挙を原則とすることで、基本合意も形成されている。解散を行うためには、下院議員の3分の2以上の同意を得る必要がある。今回も、このハードルをクリアした上での解散だった。

議会内のハードルは越えられたものの、世の中的には、これがまた至って不可思議な解散だと受け止められた。現地メディアも、大義なき解散のトーンを前面に出していた。

要は、チーム・アホノミクスの「国難突破解散」ととてもよく似た解散だったわけである。しかも、類似点はタイミングの唐突感だけではなかった。背後事情も酷似していたのである。

あの時のメイ首相は、なかなか厳しい立場に追い込まれていた。彼女の場合、「もりかけ」的不祥事問題があったわけではない。だが、求心力に関わる切迫した問題を抱えていたという点では、チーム・アホノミクスの大将と同様だった。

メイ首相の問題は、イギリスのEU離脱問題である。EU側との離脱交渉がなかなか上手く運ばない。交渉がもつれればもつれるほど、離脱の最終的な形を巡って、与党内の強硬派と穏健派の対立が深化する。メイ首相の交渉力と指導力に疑念が深まる。閣内不一致が目立つようになる。こんな具合であった。

この状況を何とかしたい。何とか、党内規律を取り戻したい。そのためには、選挙で大勝するのが一番だ。好都合なことに、野党第一党の労働党は全く瀕死の状態に陥っている。時代錯誤な過激左翼的メッセージを掲げるジェレミー・コービン党首は、いまや物笑いの対象と化している。あの人に、選挙戦を取り仕切る力なしだ。だから、今、選挙をすれば地滑り的圧勝間違いなしだ！　この論法で、メイ首相はにわか解散に乗り出したのであった。

だが、メイ首相のこの勝利の方程式はものの見事に破綻した。選挙前の保守党は、下院650議席中331議席を占めていた。わずか6議席をもってではあるが、なんとか単独過半数を支配していたのである。ところが、今回の選挙で保守党は13議席を失い、選挙後の議席数は318になってしまった。一転して、過半数の326議席を8議席割り込むことになってしまったのである。

その一方で、惨敗を喫するはずの労働党は何と30議席増を果たし、262議席を獲得した。選挙前の予想を完全に覆す投票結果だった。これぞ、大勝と言うに値する。

こうして、なまじ選挙に打って出たばかりに、メイ首相は大変な窮地に追い込まれることになった。議席数が過半数を割り込んだから、単独では政権を保持できない。結局は、北アイルランドの地域政党である民主統一党（Democratic Unionist Party：DUP）と連立を組むことで、何とか過半数を確保した。と言っても、ＤＵＰの10議席を含む連立与党の議席数は３２８であるから、過半数をわずか2議席上回るに過ぎない。まさに惨憺《さんたん》たる大敗北だった。

壊滅に追い込まれるはずだった労働党は、いまや、すっかり勢いがついている。ジェレミー・コービン党首は、選挙戦に突入すると同時にイメージが一新した。万年青年のまま、くたびれ高齢者化した冴えないおじさん。選挙前のこの雰囲気が消え去り、包容力あるパワフル・シニアへと大変身を遂げたのであった。いつまで、この感じを維持し続けられるかは解らない。だが、メイ首相の自己破壊的にわか解散のおかげで、コービン氏が全面的に得をしたことは間違いない。

かくのごとく、ご都合主義と皮算用に基づく選挙は、それを仕掛けた者たちに対して、思わぬ鉄槌を下す。有権者はバカではない。だから、バカ扱いされれば怒る。そして、不心得な政治家たちに罰を科す。

日本の有権者はイギリスの有権者ほど反骨心が旺盛ではない。だから、チーム・アホノミクスの大将はメイ首相ほどの酷《ひど》い目には遭わなかった。だが、構図は実によく似ている。安倍首相も、「国難突破」に打って出る前に、メイ首相を反面教師として、もう少しじっくり考えてみて然《しか》るべきだったろう。もっとも、そんな素直さや謙虚さや自省の思いとは、全く無縁なところがチーム・アホノミクスの身上だ。

最後の一票の重み

ところで、今回の衆院選に関しては、選挙結果とは別の観点から気になる点があった。それは、新聞各紙を始めとするメディアが、事前調査結果として自公の「圧勝・大勝」を大々的に報じていたことだ。

選挙のたびごとに事前調査結果がメディアを賑わすのは、今に始まったことではない。実はこれが前々から少々引っかかっていた。そして、今回、特にそれが目立ったように思う。まるで、すでに投票が行われたかのごとく、実に詳細に数値を上げて、各政党の勢力比較などを示す。このようなことをやり過ぎると、それが人々の投票行動に影響を及ぼす恐れがないか。そのように感じた。そして、実際にその可能性があるということを、我が授業の場で確認したのである。

筆者は留学生のための英語の授業を一科目担当している。ビジネススクールだから、学生さんたちは皆社会人だ。平均年齢が30歳を少々超えるというところだろう。今年は、世界20カ国ほどの国々から多彩な顔ぶれが集まってきた。

彼らに今回の選挙結果に関する所感を語った。すると、一人の学生さんから、日本の若者たちの中で安倍政権支持率が高いのはなぜか、という質問が出た。なかなか日本の今日的社会事情をよく把握している。この問題自体については、本書でも後段で検討したい。

それはそれとして、もう一人の日本人の学生さんが、この問いに対して次の答えを提供してくれた。選挙前に自公大勝ということがさかんに言われていた。だから、結果は事前に解っていた。どうせ自公圧勝なら、野党に投票したところで、その票は捨て票になる。そんな投票をすることには意味がない。このようにご本人が考えたというよりは、若者たちはそのように考えたのではないか、という分析である。

これはなかなか怖いことだ。もしも実際に人々がこのような思いに駆られたとすれば、事前調査を余りにも詳細に緻密さを追求しながら取り行い、その結果をあまりにも大々的に報じることには、かなり問題があるのではないか。そのように思えてしまう。実際に、メイ首相の自滅選挙があったイギリスでは、決して今回の日本のように事前調査結果を超詳細に大報道してはいなかった。過去においても、それはなかった。少なくとも、これはやり過ぎたと感じるような伝え方はされていなかった。ひょっとすると、投票行動にバイアスをかけることを避けるためかもしれない。

イギリスの場合、前述の通り有権者たちは反骨精神が旺盛だ。実に天邪鬼《あまのじゃく》である。ともかく、人が言う通りにはなりたくない。だから、今回の日本の場合のように与党圧勝が事前に大報道されると、予想通りの結果を出してやってたまるかと色めき立ち、事前予想と逆の事態をもたらすべく、奮起するだろう。

そこへ行くと、日本の有権者は素直で真面目だ。それだけに、「自公圧勝」の予想を示されると、その通りに行動しなければ申し訳ないように思ってしまう向きがあったかもしれない。さすがにこれは勘繰り過ぎかと思う。だが、どうしようかと迷っていた人々にとって、あの調査結果が「指針」となってしまった可能性は否定できないだろう。そして、あの英語クラスの日本人学生さんが推理してくれた通り、「無駄な一票」を投じるのは止めようと決意してしまった若者たちがいたかもしれない。

ここで頭に浮かぶのが、「限界概念」というものだ。経済学には欠かせない考え方である。ここでいう「限界」は、ざっくりいえば「追加一単位」を意味する。例えば、ビールをしこたま飲んだ後、追加もう一杯目のビールは、最初の一杯目に比べれば、おいしさが落ちる。

断じて、そんなことはないというビール愛に満ちた方もおいでになるだろう。だが、ごく一般的には、やはり「追加の一杯」は「最初の一杯」とは効果が違う。いくら凄まじい酒豪でも、最後の「追加の一杯」が響いて目を回すということがある。「あれが効いたな」と翌日呻《うめ》くことになったりする。もりそばの大食い競争で、「最後の一枚」が食べきれずに敗北を喫する人がいたりする。「何杯」と「何杯目」の違い。そこに注目するのが限界概念だ。

この限界概念を選挙に適用してみよう。すると、ここでまた新たに頭に浮かぶのが、「ラクダの背中にワラ一本」(straw on a camel's back) という格言だ。欧米に昔からあるフレーズである。

ラクダは力持ちだ。どんなに重いお荷物でも平気で背中に乗せて運んでくれる。いわんや、ワラなどという文字通り吹けば飛ぶような荷であれば、いくら積み上げても大丈夫。そう思い込んでどんどんラクダの背中にワラを積んで行くと、やっぱり、どこかで限界がくる。ラクダの背中をへし折る最後の一本のワラ。それに気を付けなければいけない。まだ大丈夫まだ大丈夫とタカをくっていると、限界的な最後の一発ですべてが崩れる。これに要注意だ、とそれがこの格言の警告だ。

選挙においても、誰かの一票がラクダにとっての最後のワラ一本となる可能性は、いつでもある。単なる一票の重みは、吹けば飛ぶようなものかもしれない。だが、最後の一票の重みはとてつもなく重い。今回の衆院選でも、誰か最後の一人の一票が、立憲民主党に野党第一党の座を与えてくれたかもしれない。最後の一票が自民党に行かなかったことで、彼らは追加公認を余儀なくされたかもしれない。

一怯の怯え

評価項目その一「選挙」については以上の通りだ。新たな勢力構図の中で、与野党が改めて対峙している。そこでチーム・アホノミクスが示している態度の中にも、彼らが、自分たちでも今回の選挙結果を「A＋」だとは受け止められていないことが滲《にじ》み出ている。

というのも、ご承知の通り、彼らは国会における野党の質問時間を減らそうとする動きを示した。「議席数に（時間配分も）応じるのは国民からすればもっともだ」（菅義偉官房長官）というとんでもない言い方で、従来、与党2野党8となっていた質問時間を与党5野党5に変更するのだと言い出した。さすがに、思惑通りにはいかなかったが、およそ議会制民主主義の何たるかが解っていない。この一点をもってしても、そもそも、選挙などに参加する資格なしで、即座に「F」をたたきつけられて致し方のないところだ。

それはそれとして、こんなことを言い出すのも、焦りのなせる業だろう。ゆとりがなくなっているのである。自ら「圧勝・大勝」感を満喫しているのなら、こんな姑息《こそく》な話は持ち出さないはずである。野党の皆様、どうぞ、たっぷり時間をおかけ頂き、どこからでもかかっておいでなさいまし。そのような鷹揚《おうよう》さを示してふんぞり返るはずである。だが、チーム・アホノミクスにはそれができない。怖いからである。怯《おび》えている。

安倍政権について、「一強のおごり」という表現がよく使われるようになった。だが、あれは違うと筆者は思う。彼らが示しているのは「一怯《いっきょう》の怯え」だと思う。卑怯者が怯《ひる》んでいる。だから、反論や追及を封じ込めようとする。そこにあるのは、弱虫の過激さだ。

「一怯の怯え」は、今後どのような過激さを発揮することになりそうか。選挙後の展開の中で、妖魔の森の暗さはどんな変転を示すだろうか。我々は何をどう警戒していくべきか。これらのことを考える上でも、次の評価項目、すなわち彼らの「所信」を確認しておくことが重要だと思う。

そこで、次章では改めて彼らの出発点に遡《さかのぼ》ってみる。チーム・アホノミクスの発想の原点がどうなっていたか。そこに成績評価の次の焦点を当てることとしたい。

第二章

評価項目②——所信

——「21世紀版・大日本帝国」の下心が見えてくる

アホノミクス初の所信表明

アホノミクスの発想の原点に遡って成績評価を行う。それが本章の課題だ。そのために、ここでは、チーム・アホノミクスの大将が2012年12月に政権を奪取した後、初めて行った所信表明演説に焦点を当てる。そこが今の安倍政権の出発点となった。

所信表明演説は、読んで字のごとくだ。総理大臣という役目に任命されたものが、その所信、すなわち、その信ずるところを語る。それが所信表明演説である。それに対して、総理大臣が行うもう一つの大きな演説が、施政方針演説だ。この場合には、総理大臣個人の信条もさりながら、時の内閣がその諸政策をどのような方針に基づいて取り行おうとしているかを説明することに眼目がある。

所信表明演説は、総理大臣が衆参両院で指名される特別国会と、必要に応じて招集される臨時国会の冒頭で行われる。施政方針演説は、通常国会の冒頭で行われる。

若干余談だが、首相官邸ホームページの英語版をみてみると、所信表明演説も施政方針演説も、同じ〝policy statement〟という言い方で片づけてしまっている。これもどうかと思う。英語なら区別しなくてもいいと考えているなら、日本語でも同じ「政策演説」とでもしておけばいい。

だが、実はこの仕分けは重要なのかもしれない。首相に指名された個人の信条宣言と、内閣という合議体の基本方針を区別して取り扱うのは、それなりに筋の通ったことだ。英語でも、そこにもう少し気を配るべきではないのか。語彙不足でpolicy statementに統一してしまったのだとすれば、甚だ情けない。

余談ついでにもう一つ情報提供させて頂ければ、ご承知の通り、安倍政権というものが以前にもあった。その在任期間は2006年9月26日から2009年9月25日だった。あの時、「アベノミクス」という言葉は出現していなかった。

この言い方を安倍氏に進言したのは、田村憲久衆議院議員だそうである。筆者が推察していた通り、レーガン元米大統領の「レーガノミクス」をもじっての提案だったらしい。いつからどのような経緯でこの言葉の普及活動が始まったのか。迂闊《うかつ》にもそのことを把握していなかった。実はそれがずっと気になっていた。

この謎への解答を提供してくれたのが、『日銀と政治～暗闘の20年史』（鯨岡仁著・朝日新聞出版）だった。この著書のおかげで、長らく知りたいと思っていたことを知ることができた。大いに感謝している。その中で描かれている経緯があったばかりに、今の安倍政権の面々は筆者にチーム・アホノミクス呼ばわりされている。ネーミングには相当に注意を要するということだ。

さて、本題に戻ろう。チーム・アホノミクスの大将が、その所信を初めて表明したのは、２０１３年１月28日のことだった。この日に第１８３回国会が開幕した。通常国会である。

前述の通り、本来であれば、この所信表明演説は、安倍氏が総理大臣としての指名を受けた特別国会の第１８２回国会で行われるべきものだった。だが、この国会は所信表明なしで閉会した。そのため、通常国会である第１８３回国会の冒頭で所信表明が行われた。その後、同じ第１８３回国会の会期内である2月28日に、平成25年度予算の提出に合わせて２０１２年12月に発足した安倍政権としての初の施政方針演説が行われたのであった。

注目すべき問題ポイント

アホノミクスの大将は、彼の所信表明デビュー（2006〜2007年政権時にはアホノミクスの大将ではなかった）でどんな信条を打ち出したのか。まずは、「はじめに」の部分の次のくだりが面白い。ごく冒頭部分に出てくる。

「過去の反省を教訓として心に刻み、丁寧な対話を心掛けながら、真摯に国政運営に当たっていくことを誓います」

「丁寧」と「真摯」は「もりかけ」問題を追及する中でチーム・アホノミクスの大将が盛んに連発して来た言葉だ。それらが、所信表明デビューの時点で早くも登場していたのであった。

ここで、どんな過去についてどんな反省を心に刻んでいるのか、それはあまりよく解らない。この箇所の前の部分では、「私は、かつて病のために職を辞し、大きな政治的挫折を経験した人間です」と言っている。この過去が反省材料になっているというのか。

病は災難だ。お気の毒なことである。さすがに筆者も、病気にかかったことでチーム・アホノミクスの大将を責めようとは思わない。病気にかかったことと、丁寧さや真摯さを心掛けることがどう関係があるのか。この辺はミステリーだが、いずれにせよ、これらの用語をいち早く多用していたというのは、それなりの発見だ。

あの時、すでにして、「丁寧な説明」と「真摯な対応」を厳しく求められる場面が到来することを想定していたのか。それとも、これらの言葉は、もともとチーム・アホノミクスの大将にとってさしたる思い入れもなく軽く連発する常套句であったのか。

以上の箇所は、今、安倍政権が前章でみた「一怯の怯え」の中で示している態度につながってくる部分だ。ばか丁寧な言葉使いで「真摯、真摯」と繰り返す。そのようなことで追及から逃げ切ろうとする姿勢が、当初から彼らの特性であったことを示唆している。そこを確認した上で、先に進もう。

まずは、この所信表明演説を成績づけするに当たって、特に注目すべきだと思われる問題ポイントを列記しておく。いずれも、所信表明の文言を直接引用している。

① 国家国民のために再び我が身を捧げんとする私の決意の源は、深き憂国の念にあります。（「はじめに」）

② 外交政策の基軸が揺らぎ、その足元を見透かすかのように、我が国固有の領土・領海・領空や主権に対する挑発が続く、外交・安全保障の危機。（「はじめに」）

③ 国の未来を担う子どもたちの中で陰湿ないじめが相次ぎ、この国の歴史や伝統への誇りを失い、世界に伍《ご》していくべき学力の低下が危惧される、教育の危機。（「はじめに」）

④ 政府がどれだけ所得の分配を繰り返しても、持続的な経済成長を通じて富を生み出すことができなければ、経済全体のパイは縮んでいってしまいます。……断固たる決意をもって、「強い経済」を取り戻していこうではありませんか。（「経済再生」）

⑤ 政府と日本銀行の一層の緊密な連携を図ってまいります。（「経済再生」）

⑥ 外交は、単に周辺諸国との二国間関係だけを見つめるのではなく、地球儀を眺めるように世界全体を俯瞰《ふかん》して、自由、民主主義、基本的人権、法の支配といった、基本的価値に立脚し、戦略的な外交を展開していくのが基本であります。……世界情勢を

広く視野に入れた戦略的な外交を展開してまいります。（「外交・安全保障」）

⑦　我が国が直面する最大の危機は、日本人が自信を失ってしまったことにあります。……「自らの力で成長していこう」という気概を失ってしまっては、個人も、国家も、明るい将来を切り拓くことはできません。（「おわりに」）

⑧　この演説をお聴きの国民一人ひとりへ訴えます。何よりも、自らへの誇りと自信を取り戻そうではありませんか。私たちも、そして日本も、日々、自らの中に眠っている新しい力を見出して、これからも成長していくことができるはずです。……「強い日本」を創るのは、他の誰でもありません。私たち自身です。（「おわりに」）

これら①~⑧の問題ポイントについて、以下で検討する。ご覧の通り、①~③は2013年所信表明の「はじめに」の部分から摘出している。④・⑤が「経済再生」の項、⑥が「外交・安全保障」の項、そして⑦・⑧は「おわりに」の中の文言だ。

なお、話が前後してしまうが、チーム・アホノミクスの大将は、この2013年所信表明を含めて、これまでに計5回の所信表明演説を行っている。一番最近のものが、2

０１７年11月17日に行われた。第一章でみたにわか総選挙後、総理大臣への指名を受けた特別国会の冒頭でのことである。ちなみに、施政方針演説の方も２０１３年2月を皮切りに、計5回行っている。２０１７年1月のものが、本稿執筆時点での最新版だ。

それぞれ詳細にみていくと、とても面白い。といっても、楽しく面白いわけではない。次々とおぞましい発見があるという意味での面白さだ。チーム・アホノミクスの不純な下心が、これらの文書の随所から滲み出てくる。それを発見するたびに、彼らに対する総合的成績評価を単なる「F」ではなくて、「トリプルF」などとしたくなってしまう。

それはそれとして、前述の通り、以下では全ての出発点となった２０１３年所信表明の問題ポイント①～⑧について、順次、吟味していくこととしたい。

「国家国民」が怖い

問題ポイント①、すなわち「国家国民のために再び我が身を捧げんとする私の決意の源は、深き憂国の念にあります」は、この演説の「はじめに」の中で、前出の「丁寧な対話を心掛けながら、真摯に国政運営に当たっていくことを誓います」のくだりのすぐ後に登場する。この所信表明演説の事実上の起点がこの一文にあると言っていいだろう。「国家国民のため」だ。「国民のために」ではない。この「国家国民」がどうも引っかかる。もっとも、この言葉使いそのものは、決して安倍首相に固有のものではない。民主党政権下でも、野田首相（当時、以下同様）の所信表明にこの表現が出てくる。自民党の麻生・小泉首相も「国家、国民」という言葉を使っている。こうしてみれば、「国家国民」ないし「国家、国民」は日本における総理大臣演説の定型表現の一つだといえそうである。

そうだとすれば、筆者としては、そもそものこと自体にかなり違和感がある。近代的・民主主義的国民国家において、国家は国民に奉仕するために存在する。国民にサービスを提供するための仕組みとして、位置づけられている。

国家のために国民がいるわけではない。一国の政府は、この国家という名のサービス提供装置を国民のために責任をもって運営する。そして、その政府というものの総括取り仕切り責任者が、総理大臣である。したがって、その位置につく人は、国民に対してこそ、第一義的にその責務を負っている。そう考えるべきところだろう。

そうであるとすれば、定型用語として「国家国民」という言い方をすることには、何とも納得がいかない。ただ、前述の通り、これをチーム・アホノミクスに固有の悪弊として数え立てるわけにはいかない。だが、それでもやはり、この所信表明の中における「国家国民」の登場の仕方には、独特のダークさがあると感じる。

他の歴代首相たちによる「国家国民」の使い方は、基本的に形式的だ。あまり深く考えずに、常套句を配置している観がある。だが、チーム・アホノミクスの大将の「国家国民」には、思い入れがある。何しろ、「国家国民のために再び我が身を捧げんとする私の決意」である。なかなかどうして凄まじい。並々ならぬ覚悟のほどを表明している。

そしてさらには、その覚悟の「源は、深き憂国の念にあります」と言っている。憂国とは、「国家の現状や将来を憂え案ずること」（広辞苑）である。「御国」の行く末を心配しているのだという。しかも深く心配しているのだと言っている。いかにも、「国士《こくし》」の呼び名がふさわしい雰囲気だ。どうしても、国粋主義の香りが漂ってくる。

安倍首相に「深き憂国の念」をもたせているものは何か。

その要因として、彼は「日本経済の危機」・「東日本大震災からの復興の危機」・「外交・安全保障の危機」・「教育の危機」の「四つの危機」を掲げている。この中で、特に気になるのが「外交・安全保障の危機」と「教育の危機」である。これらは、それぞれ、本章の問題ポイント②と③に対応する。

問題ポイント②を再掲すれば、「外交政策の基軸が揺らぎ、その足元を見透かすかのように、我が国固有の領土・領海・領空や主権に対する挑発が続く、外交・安全保障の危機」である。

安倍首相は、外交政策の基軸がこの時点でどう揺らいでいると考えていたのか。それは明記されていない。それにしても、「その足元を見透かすかのように」という言い方がいかにも過激だ。日本の腰の弱さにつけ込んで、周辺国が挑発してくる。そんな情勢なのだと言っている。

日本は四面楚歌なのだと言いたげだ。確かに、領土問題は各種生起している。だが、それらを我々の「足元を見透かすかのような」挑発だとしていきり立てば立つほど、危機なきところに危機が醸成される恐れは深まってしまうだろう。

チーム・アホノミクスの大将が教育に求めるもの

問題ポイント③に進もう。憂国の念深きチーム・アホノミクスの大将は、「教育の危機」をどのようにとらえているのか。次の通りだった。

「国の未来を担う子どもたちの中で陰湿ないじめが相次ぎ、この国の歴史や伝統への誇りを失い、世界に伍《ご》していくべき学力の低下が危惧される、教育の危機」

いじめは確かに大きな問題だ。そこに教育の危機を見出すのは、ごもっともだ。だが、この問題に深い懸念を抱いているなら、もっと立ち入った言及が続いて然るべきところだ。いきなり次のトピックに進んでしまうのは不可思議だ。唐突で脈絡がない。細かいことをいえば、そもそもこの文章は文法的に破綻している。

だがまぁそれはさておき、どうも、この文章においていじめの話はいかにも枕詞的な扱いしか受けていないように読める。しかも、いたって繋がりの悪い枕詞だ。本題は別にある。だが、いきなり本題に入るのは、ちょっと気が引ける。あるいは目立ち過ぎる。

だから、出だしの目くらましに、話題性のある話をぶつけた。そんな感じがする。

明らかに、この文章の主題はいじめ問題に続く二つのテーマだ。すなわち、子どもたちが「この国の歴史や伝統への誇りを失う」こと、そして、彼らに関して「世界に伍していくべき学力の低下が危惧される」ということである。

自国の歴史や伝統について学ぶことは重要だ。だが、それらの中には、誇るべきではないこともある。そこには、確かに素晴らしい世界が広がっている。だが、暗い過去もある。失敗もある。

影も光も、広い視野をもって位置づけながら、自国の全貌について理解を深める。それができる知識と知性を、子どもたちに培ってもらう。それが教育の役割だろう。ひたすら自国の全てに誇りを持たせようとするのは、一種の偏向教育だ。

「世界に伍していくべき学力の低下」にいたっては、どうも教育の本源的な使命を誤解した言い方だとしか思えない。

学力は、「世界に伍していく」ために身につけるものなのか。競争に勝つために学力を身につけるのか。学力は国力強化のための手段なのか。こうして考え進んでみれば、そもそも「学力」という言葉自体に抵抗感が出てくるが、それも、ひとまずさておくとしよう。

子どもたちに、豊かな見識や深い洞察力を身につけてもらう。それは、何のためにやることなのか。それは、彼らの生活がより充実したものとなるためにではないのか。彼らが、お互いの境遇や状況に思いを馳せる感性を身につけ、人のために涙することができるようになるためではないのか。彼らが多くの事柄に関する多くの発見の喜びを噛みしめながら、仲良く生きていけるようになるためではないのか。教育の危機とは、教育がこのような本源的目的意識を失うことを意味するのではないのか。

ところが、下心に動機づけられたチーム・アホノミクスには、教育もまた、その不純な動機を現実に結びつけるための手段にしかみえていない。

チーム・アホノミクス的下心の全貌

さて、ここまで来れば、そろそろ、筆者がチーム・アホノミクスの下心というものをそもそもどうとらえているかという点について、しっかり申し上げておかなければならないだろう。彼らが抱いている不純な動機、よこしまな野望の本質は何か。それをここで押さえておきたい。

ところで、流れを中断してしまって恐縮ながら、そこに行く前に一つ整理しておくべきことがある。鋭き皆さんが、恐らく引っかかっておいでだと思われる点だ。それというのも、ご記憶の通り、第一章でも、不純な動機が思わぬ番狂わせをもたらすということについて、問題意識を共有させて頂いている。

チーム・アホノミクスは、二つの不純な動機に基づいて選挙に打って出た。それらは、疑惑隠しと敵陣の弱さにつけ込む大勝狙いであった。そのような、およそ選挙の大義とは無関係な目論見に基づいて解散に踏み切った。そのことが、チーム・アホノミクスに想定外の結果をもたらした。こういうことだった。

これはこれで、よこしまな野望が思わぬ失点をもたらすことの証明として、筆者を勇気づけてくれる材料だ。だが、今、ここから書き進もうとしているチーム・アホノミクスの下心は、今回の選挙時の彼らの皮算用とは次元が違う。政権としての姿勢の本質に関わるものだ。

そもそも、この本源的な下心があるからこそ、選挙という民主主義の根幹的プロセスについても、あのようなよこしまな野望を抱いてしまう。そのように言えるのだと思う。

さて、この点をすっきりさせた上で、本題に戻ろう。チーム・アホノミクスの本源的下心とは何か。このテーマについては、すでに他の拙著でも繰り返し取り上げている。したがって、どうしても重複感が出てしまうことをお詫びしながら整理すれば、次の通りだ。

集約的に言ってしまえば、チーム・アホノミクスの下心は21世紀版の大日本帝国づくりである。

2006〜2007年の第一次安倍政権当時以来、チーム・アホノミクスの大将は、その目指すところが「戦後レジームからの脱却」であることを明言している。戦後レジームから脱却するとは、どういうことか。

戦後体制の枠組みから脱したいということなら、答えは一つだ。戦後がイヤなら、戦前に戻るしかない。つまり、彼らは戦前の世界に立ち戻ることを目指しているわけである。

日本における戦前の世界とは、いかなる世界か。それはすなわち、大日本帝国の世界にほかならない。そこに我々を引き戻して行く。21世紀において、その世界を再現する。それが、彼らの究極ゴールだ。だからこそ、現行の日本国憲法を何がなんでも変えなければならない。だからこそ、今日的な国民と国家の関係を逆転させて、国民が国家に奉仕する関係を再構築しなければならないわけである。

そのような国粋主義体制を再確立した次のステップは何か。それを我々に教えてくれているのが、チーム・アホノミクスの大将の次の言い方だ。すなわち「世界の真ん中で輝く国創り」である。

２０１７年１月20日に彼が行った施政方針演説が、このフレーズを前面に打ち出している。21世紀版の大日本帝国を、世界の真ん中にそびえ立って光り輝く存在に仕立て上げるのだと宣言しているのである。

要は、21世紀版の大東亜共栄圏構築宣言である。いみじくも、２０１５年に訪米して議会演説を行った折り、チーム・アホノミクスの大将は例のＴＰＰ（環太平洋パートナーシップ協定）に関して次のように言った。

「ＴＰＰは、その経済効果もさりながら、長期的にみればその戦略的価値に驚異的なものがある」

この安倍発言を発見した時、筆者はこれぞ「目指すは大東亜共栄圏宣言」だと感じた。21世紀版大東亜共栄圏構築の土台として、足掛かりとして、ＴＰＰを使う。それが彼の戦略的狙いだ。そのように読み取れてしまう発言だった。

このような野望を抱いている人にとって、アメリカのトランプ大統領がＴＰＰから抜けてくれたことは、どれほど好都合に感じられているだろう。「アジアも世界もシンゾーに任せるよ。ボクちゃん、アメリカのことしか考えたくないから」。アメリカ・ファースト男の引きこもり宣言が、拡張主義男のシンゾーさんの耳にどれほど妙《たえ》なる調べとして響いていることか。

チーム・アホノミクスの下心をざっくり整理してみれば、以上の通りだ。これが、妖魔の森の全貌である。

この森を構成する木々は、そのすべてがこの森の暗さに染めつくされている。この森の有機的な部分を構成している。「異次元の金融緩和」であろうが、「働き方改革」であろうが、「教育無償化」であろうが、それらは、いずれも21世紀版大日本帝国という名の毒々しいパズル画のピースに過ぎない。

パズルのピースは、個別的にその色合いや形を愛でたり、品評することには意味がない。ポイントは、あくまでも、そのピースが全体構図の中でどこにどうはめ込まれるべきものなのかということだ。どんな役割を担うために、そこにあるのか。それを見極めずして、個々のピースにみとれていたのでは、埒《らち》があかない。

これらのことを踏まえて振り返ってみれば、チーム・アホノミクスの大将の2013年所信が、なぜ、あれだけ強い思い入れを込めて「国家国民」という表現を使っているのかがよく解る。

なぜ、日本の「足元を見透かすかのように」近隣諸国が「挑発」を仕掛けてくるのだというような言い方で、我々の危機意識を煽《あお》ろうとするのかもスンナリ理解できる。チーム・アホノミクスの認識の中において、なぜ、「教育の危機」とは、すなわち、子どもたちが「この国の歴史や伝統への誇り」を失い「世界に伍していくべき学力」を失うことなのかという点も、実によく納得できてしまう。

21世紀版大日本帝国たるもの、ご近所さんたちに足元を見られてたまるか。大日本帝国の良き臣民となるはずの子どもたちが、その歴史と伝統を崇《あが》め奉《たてまつ》らずしてどうする。彼らに、世界の真ん中で輝く国創りに役立つ学力を付与できずして、何の教育ぞ。2013年所信の字面の裏から、こうした下心の隠れ文字がジワジワと浮かび上がってくる。

さらにいえば、2013年所信には、下心の隠れ文字がそのまま表に噴出してしまったような箇所がある。「はじめに」の締めくくり部分だ。次の通りである。

「この議場に集う全ての国会議員諸氏に訴えます。危機を突破せんとする国家の確たる意思を示すため、与野党の叡《えい》智を結集させ、国力を最大限に発揮させようではありませんか」

とても平時の演説とは思えない。今にも、敵が攻めてきそうな勢いだ。21世紀版大日本帝国の国難突破に向けて、総員奮励努力せよ。そう檄《げき》を飛ばしている様相だ。このイメージを頭に刻み込みつつ、問題ポイント別の検討に戻ろう。

何が何でも成長経済

問題ポイントの④と⑤は経済運営に関するものだ。

アホノミクスは、「世界の真ん中で輝く」21世紀版大日本帝国づくりの経済基盤構築担当システムだ。チーム・アホノミクスの大将が大好きな強い日本のための強い経済づくり。それがアホノミクスの役割だ。憲法改正で強兵、アホノミクスで富国。この二つの車輪で動く時代逆行的乗り物に乗って、21世紀版大日本帝国へとまっしぐら。それが彼らの下心だ。

この下心達成のために、アホノミクスはどのような設計思想を基本に据えているか。それを示しているのが、我々の問題ポイント④にほかならない。その内容は次の通りだった。

「政府がどれだけ所得の分配を繰り返しても、持続的な経済成長を通じて富を生み出すことができなければ、経済全体のパイは縮んでいってしまいます。……断固たる決意をもって、『強い経済』を取り戻していこうではありませんか」

これがまた、実に何とも解りやすい。チーム・アホノミクスの分配嫌いがここにとても如実に現れている。

筆者は、常々、経済活動は三角形だと考えてきた。成長と競争と分配を三辺とする三角形だ。この三辺のうち、いずれの辺が最も大切かは、国々の経済事情や発展段階によって変わってくる。

生まれ立ての若い経済には、何はともあれ成長することが必要だ。戦争や大災害などで焼け跡経済化した場合にも、復興のためには成長政策が不可欠だ。それなりに成長過程が進んで青年期を迎えた経済、あるいは復興過程が一巡した経済にとっては、競争の辺を強化することが新たな飛躍につながる。そして、立派に大人になり、十二分に富の蓄積が進んだ経済に必要なのは、その蓄積された富を上手に分かち合うこと、すなわち分配の辺をしっかりしたものに仕立て上げることである。

今の日本経済は、生まれ立ての赤ちゃん経済か。戦後間もない昭和中期のような焼け跡経済か。そのいずれでもないことは明らかだ。

今日の日本経済は、世界に冠たる成熟経済だ。その規模は大きく、その質的完成度・洗練度は類まれだ。豊かさに満ち溢れた経済である。ところが、この豊かな経済の中に貧困のブラックホールがある。貧困率が二桁に達する状況がある。

日本のような超先進経済においては、貧困率はどう考えても一桁台でなければおかしい。豊かさの中の貧困。これが今の日本における最大の経済課題だ。この状況を是正するためには、今日の日本の経済活動三角形において、分配の辺をてこ入れすることこそ、求められる対応だ。

ところが、ご覧の通りだ。チーム・アホノミクスは、「政府がどれだけ所得の分配を繰り返しても、持続的な経済成長を通じて富を生み出すことができなければ、経済全体のパイは縮んでいってしまいます」と言う。これはおかしい。日本には、すでに十分過ぎるほどの富がある。豊かさに溢れる経済社会だ。だから、彼らの文章は修正を要する。今日の日本の経済社会にふさわしい文章にするには、次のように書き直されるべきだと思う。

「政府がどれだけ成長政策を繰り返しても、効果的な所得分配を通じて富の分かち合いを生み出すことができなければ、経済全体の活力が低下し、その規模も結局は縮んで行ってしまいます」

これが、今の日本経済の発展段階にマッチした政策認識なのだと思う。だが、21世紀版大日本帝国構築を目指すチーム・アホノミクスにとっては、そんなことは眼中にない。何はともあれ、どんどん強く、どんどん大きくなっていく経済を手に入れたいのである。だから、力の限りに分配を否定している。

ところで、仮に彼らの政策認識が時代錯誤的な誤りではなく、それなりに時宜《じぎ》を得ていたものだったとしても、問題ポイント④の文章はやはりおかしい。「持続的な経済成長を通じて富を生み出すことができなければ、経済全体のパイは縮んでいってしまいます」という言い方は変だ。

経済は成長していなくても富を生み出す。経済活動が回っていれば、その回転速度が前年や前期より加速していなくても、価値を生み出していることには変わりない。去年、500兆円相当だった経済活動が、今年もまた500兆円相当の成果を生み出せば、富は去年と同じペースで生み出されている。去年のパイが500兆円規模。今年のパイも500兆円規模。パイは小さくなってはいない。したがって、「成長していなければパイが縮む」という言い方は誤りだ。

この辺は、彼らの単純ミスなのか、それともやはり下心に基づく意図的工作なのか、はたまた、下心に自ら惑わされて誤謬《ごびゅう》を犯してしまっているのか、ご本人たちに問いただすことができない以上、筆者には知る由がない。

ただ、多分、三番目が当たりなのではないかと推察する。なぜなら、人間は自分にとって都合のいいオプションを正解だと信じたがるものだからである。むろん、筆者もこの点は十二分に注意しなければならない。この誘惑に負けてはならない。これを自省した上で言えば、日本経済の到達段階を見誤り、それにそぐわない成長至上主義的認識を示している点において、問題ポイント④に関するチーム・アホノミクスへの評価は、完璧な「F」評価とせざるを得ない。

強い帝国の土台となる大きな経済を指向する下心のおかげで、彼らがみずからこの不合格評価を引き寄せている。

締め括り部分の「断固たる決意をもって、『強い経済』を取り戻していこうではありませんか」にいたっては、もはや多くを語るまでもないだろう。

ここにもまた、下心そのものが丸出し的に吐露されている。何が何でも強い御国の支えとなる強い経済が欲しいというわけだ。「取り戻していこうではありませんか」という言い方にも、大日本帝国の往年のイメージに思いを寄せる安倍氏の憧憬の眼差しが感じられる。

目指すは日銀の子会社化

問題ポイント⑤に進もう。「政府と日本銀行の一層の緊密な連携を図ってまいります」の項である。この短い一文には、実はディープな背後事情がある。

2012年総選挙に向けての自民党の選挙公約には、次の一節が書き込まれていた。

「明確な物価目標（2％）を設定、その達成に向け、日銀法の改正も視野に、政府・日銀の連携強化の仕組みを作り、大胆な金融政策を行ないます」

この公約を掲げたチーム・アホノミクスが政権についたことで、当時の日銀総裁、白川方明氏は窮地に追い込まれた。白川氏は、物価目標方式には懐疑的だった。

そもそも、政府が掲げる物価目標にしたがって日銀が金融政策を取り行うというのでは、中央銀行としての日銀の独立性が押しつぶされる。あらゆる意味で、このような公約を掲げる政府の言うなりにはなりたくない。だが、頑《かたく》なに逆らえば、そのことが、結果的に彼らによる日銀法改正の動きを後押しすることになってしまう恐れがある。彼らが目論む日銀法改正とは、日銀から金融政策に関する自主性を奪うための改正にほかならない。それをやらせるわけにはいかない。

こうして日銀総裁が重苦しい悩みを抱え込む中、2013年1月21日には「デフレ脱却と持続的な経済成長の実現のための政府・日本銀行の政策連携について」と題した政府と日銀による「共同声明」が発表された。そして、2月5日、白川氏は辞任した。

4月8日までの任期を残しての突然の辞任であった。「共同声明」を受け入れたことによって、チーム・アホノミクスが日銀法を改正し、力づくで日銀に自分たちが言うことを聞かせようとする危険は遠のいた。その上、日銀の独立性を守ろうとする自分が退けば、彼らが日銀法を改正すべき根拠はさらに薄弱になる。そうした思いに基づく辞任だったに違いない。

金融政策の自主性をチーム・アホノミクスの魔の手から守る。そのために、自分が退場する道を選んだのである。1月28日に行われた2013年の所信表明の「政府と日本銀行の一層の緊密な連携を図ってまいります」という文言は、この一連の展開を踏まえて読むべきものだ。

この政府・日銀緊密連携論が打ち出されて4年余りが過ぎた2017年3月7日、日本経済新聞が次のように報じた。

「『政府と日銀は親会社と子会社みたいなもの。連結決算でもいいんじゃないか』。昨年秋、首相は与党議員にこんなアイディアも語った」

チーム・アホノミクスにとって、いまや、日銀は緊密連携先から子会社呼ばわりする相手と化しているのである。

これは明らかにNG発言だ。日銀法は金融政策の自主性を明記している。財政法には政府は日銀に公債を引き受けさせてはいけないし、日銀から借金をしてはいけないと書いてある。いくらチーム・アホノミクスの大将といえども、これらのことを知らないはずはない。

それにも関わらず、緊密連携論どころか、日銀子会社論を打ち出すとは、何という了見か。明らかに、日銀を政府の御用銀行に鞍替えさせ、政府のためにカネを振り出す打ち出の小槌の役割を押しつけようとしている。21世紀版大日本帝国の金庫番である。こんなことを企んでいるとなれば、これまた、いうまでもなく「F」中の「F」である。

平和が軽い「地球儀俯瞰」外交論

問題ポイント⑥は次の通りだ。

「外交は、単に周辺諸国との二国間関係だけを見つめるのではなく、地球儀を眺めるように世界全体を俯瞰《ふかん》して、自由、民主主義、基本的人権、法の支配といった、基本的価値に立脚し、戦略的な外交を展開していくのが基本であります。……世界情勢を広く視野に入れた戦略的な外交を展開してまいります」

　このなかの「地球儀を眺めるように世界全体を俯瞰《ふかん》して」という言い方は、その後、「地球儀を俯瞰する外交」という形ですっかり安倍首相のお気に入りフレーズとなっている。

　俯瞰的視野を持つことは結構だ。だが、それに基づいて「世界情勢を広く視野に入れた戦略的な外交を展開してまいります」となってくると、少々嫌な感じがしてくる。

　前述のようにＴＰＰの「戦略的価値は驚異的」と言うチーム・アホノミクスの大将が、戦略的に展開する外交とはいかなるものか。21世紀版大日本帝国と、この大帝国が「世界の真ん中で輝く」日を夢見る人が、地球儀を俯瞰し、戦略的に視野を巡らすと何がみえてくるのか。それを思えば、背筋が寒くなってくる。

　なかなか驚くべきことに、この所信表明演説には「平和」という言葉が一回しか出てこない。次のくだりだ。

「二〇一五年の共同体構築に向けて、成長センターとして発展を続けるアセアン諸国との関係を強化していくことは、地域の平和と繁栄にとって不可欠であり、日本の国益でもあります。……今後とも、世界情勢を広く視野に入れた戦略的な外交を展開してまいります」

ご覧の通り、「平和」への言及が何とも軽い。世界平和に貢献するという固い決意を表明したりしているわけではない。何やら通過点的な扱い方だ。

成長大好きな安倍氏としては、「成長センター」であるアセアンにリーチをかけたい。それが21世紀版大日本帝国の「国益」に適う。それが一番強調したいことで、「地域の平和」については、「ま、ついでにこれも言っておくか」というような雰囲気濃厚である。ちなみに、麻生太郎首相（当時）が２００８年9月に第１７０回国会に対して行った所信表明演説にも、「平和」は一回しか出てこない。次の通りだ。

「日本国と日本国民の行く末に、平和と安全を。人々の暮らしに、落ち着きと希望を」

これもまた、いかにも扱いが軽い。さすがに仲良しコンビだ。感性がよく一致している。揃って「F」。

国民にお説教するサービス事業者

残るは問題ポイント⑦と⑧である。⑦は次の通りだった。

「我が国が直面する最大の危機は、日本人が自信を失ってしまったことにあります。……『自らの力で成長していこう』という気概を失ってしまっては、個人も、国家も、明るい将来を切り拓くことはできません」

これがまた面白い。日本人が、一億総自信喪失症に陥っているのだと言っている。なぜそのように決めつけるのか。大きなお世話だとも思うが、それにも増して奇異に感じるのが、「『自らの力で成長していこう』という気概を失ってしまっては」という部分だ。

つまり、自信を失うとは、すなわち成長しようとする気力を失うことなのだと言っている。確かにそうかもしれない。ただ、それは「成長」という言葉を「より良くなる」とか、「以前より賢くなる」とか「もっと大人になる」とか、「力量が上がる」というような意味合いで解釈する場合だろう。そのような意味で「成長しようとする気概」をすべての日本人が失ってしまったと言いたいわけか。

何を根拠にそのようなことを断言するのか。随分、僭越《せんえつ》なことを言うものだ。政府は国民にサービスするために存在する。そのサービス事業者の責任者が、お得意様である国民に向かってこんな具合に説教を垂れるとは、一体どういう了見か。ここにも、あの「国家国民」という言葉への強い思い入れに通じるものが滲みでている。

それとも、ここで言っている「成長」は経済成長のことか。そうであるとすれば、そこには、問題ポイント④の「持続的な経済成長を通じて富を生み出すことができなければ、経済全体のパイは縮んでいってしまいます」と同じ問題がある。

今、日本の経済社会は、何が何でも経済規模が拡大していくことを必要としていない。あるいは、ひょっとすると、経済が成長するということと、経済がより良い状態にいたるということは同じことだと考えているのか。そうであるとすれば、驚くべき勘違いだ。日本経済の図体さえどんどん大きくなれば、それに伴って、日本経済が我々にとってより良き経済になるなどということは、保証の限りではない。経済規模がバブル的に膨らめば、その後に必ず恐慌が来る。大きくなり過ぎることは、とても怖いことでもあり得るのである。

問題ポイント⑧では、次のように言っている。

「この演説をお聴きの国民一人ひとりへ訴えます。何よりも、自らへの誇りと自信を取り戻そうではありませんか。私たちも、そして日本も、日々、自らの中に眠っている新しい力を見出して、これからも成長していくことができるはずです。……『強い日本』を創るのは、他の誰でもありません。私たち自身です」

「自らへの誇りと自信を取り戻そうではありませんか」という呼びかけには、問題ポイント③の「この国の歴史や伝統への誇りを失い」の部分に通じるものがある。「誇り高き大日本帝国」を思い出せ！　そう言われている感がある。

「これからも成長していくことができるはずです」からは、またもや、成長への何とも執念深いこだわりがほと走り出てくる。しかも、この箇所の最後の部分、そして同時にこの演説の締めの部分ともなっているのが、「『強い日本』を創るのは、他の誰でもありません。私たち自身です」である。

強さと力への止まることなき執着の表明。強さと力を「取り戻す」ために奮励努力せよという国民への下知《げち》。これをもって、チーム・アホノミクスの大将による初の所信表明演説が締め括られている。巨大な「F」を送りたい。

第百八十三回国会における安倍内閣総理大臣所信表明演説

はじめに

昨年末の総選挙による国民の審判を経て、自由民主党と公明党の連立政権を発足させ、第九十六代内閣総理大臣を拝命いたしました。

私は、かつて病のために職を辞し、大きな政治的挫折を経験した人間です。国家の舵《かじ》取りをつかさどる重責を改めてお引き受けするからには、過去の反省を教訓として心に刻み、丁寧な対話を心掛けながら、真摯に国政運営に当たっていくことを誓います。

国家国民のために再び我が身を捧げんとする私の決意の源は、深き憂国の念にあります。危機的な状況にある我が国の現状を正していくために、為《な》さなければならない使命があると信じるからです。

デフレと円高の泥沼から抜け出せず、五十兆円とも言われる莫大な国民の所得と産業の競争力が失われ、どれだけ真面目に働いても暮らしが良くならない、日本経済の危機。

三十二万人近くにも及ぶ方々が住み慣れた故郷《ふるさと》に戻れないまま、遅々として進んでいない、東日本大震災からの復興の危機。

外交政策の基軸が揺らぎ、その足元を見透かすかのように、我が国固有の領土・領海・領空や主権に対する挑発が続く、外交・安全保障の危機。

そして、国の未来を担う子どもたちの中で陰湿ないじめが相次ぎ、この国の歴史や伝統への誇りを失い、世界に伍《ご》していくべき学力の低下が危惧される、教育の危機。

このまま、手をこまねいているわけにはいきません。

皆さん。今こそ、額に汗して働けば必ず報われ、未来に夢と希望を抱くことができる、真っ当な社会を築いていこうではありませんか。

そのためには、日本の未来をおびやかしている数々の危機を何としても突破していかなければなりません。

野党として過ごした三年余り、全国津々浦々で現場の声を丹念に拾い集め、政策のあるべき姿を考え抜いてまいりました。政権与党に復帰した今こそ、温めてきた政策を具体的に実現させ、国民と共に、現下の危機突破に邁進《まいしん》します。

内閣発足に当たって、私は全ての閣僚に「経済再生」「震災復興」「危機管理」に全力を挙げるよう一斉に指示をいたしました。危機の突破は、全閣僚が一丸となって取り組むべき仕事です。

同時に、与野党の別を問わず、国政に携わる全ての国会議員が担うべき責任でもあるはずです。

この議場に集う全ての国会議員諸氏に訴えます。危機を突破せんとする国家の確固たる意思を示すため、与野党の叡智《えい》を結集させ、国力を最大限に発揮させようではありませんか。各党各会派の御理解と御協力を切に求めてやみません。

経済再生

我が国にとって最大かつ喫緊の課題は、経済の再生です。

私が何故、数ある課題のうち経済の再生に最もこだわるのか。それは、長引くデフレや円高が、「頑張る人は報われる」という社会の信頼の基盤を根底から揺るがしていると考えるからです。

政府がどれだけ所得の分配を繰り返しても、持続的な経済成長を通じて富を生み出すことができなければ、経済全体のパイは縮んでいってしまいます。そうなれば、一人ひとりがどんなに頑張ってみても、個人の手元に残る所得は減っていくばかりです。私たちの安心を支える社会保障の基盤も揺らぎかねません。

これまでの延長線上にある対応では、デフレや円高から抜け出すことはできません。だからこそ、私は、これまでとは次元の違う大胆な政策パッケージを提示します。断固たる決意をもって、「強い経済」を取り戻していこうではありませんか。

既に、経済再生の司令塔として「日本経済再生本部」を設置し、「経済財政諮問会議」も再起動させました。この布陣をフル回転させ、大胆な金融政策、機動的な財政政策、そして民間投資を喚起する成長戦略という「三本の矢」で、経済再生を推し進めます。

金融政策については、従来の政策枠組みを大胆に見直す共同声明を、日本銀行との間で取りまとめました。日本銀行において二％の物価安定目標をできるだけ早期に実現することを含め、政府と日本銀行がそれぞれの責任において、共同声明の内容をきちんと実行していくことが重要であり、政府と日本銀行の一層の緊密な連携を図ってまいります。

加えて、先にまとめた「緊急経済対策」で、景気を下支えし、成長力を強化します。これから提出する補正予算は、その裏付けとなるものです。「復興・防災対策」「成長による富の創出」「暮らしの安心・地域活性化」という三つを重点分野として、大胆な予算措置を講じます。速やかに成立させ、実行に移せるよう、各党各会派の格別の御理解と御協力をお願い申し上げます。

他方、財政出動をいつまでも続けるわけにはいきません。民間の投資と消費が持続的に拡大する成長戦略を策定し、実行してまいります。

iPS細胞という世紀の大発明は、新しい薬や治療法を開発するための臨床試験の段階が見えています。実用化されれば、「健康で長生きできる社会」の実現に貢献するのみならず、新たな富と雇用も生み出します。イノベーションと制度改革は、社会的課題の解決に結び付くことによって、暮らしに新しい価値をもたらし、経済再生の原動力となります。

最も大切なのは、未知の領域に果敢に挑戦をしていく精神です。皆さん。今こそ、世界一を目指していこうではありませんか。

世界中から投資や人材を惹《ひ》きつけ、若者もお年寄りも、年齢や障害の有無にかかわらず、全ての人々が生きがいを感じ、何度でもチャンスを与えられる社会。働く女性が自らのキャリアを築き、男女が共に仕事と子育てを容易に両立できる社会。中小企業・小規模事業者が躍動し、農山漁村の豊かな資源が成長の糧となる、地域の魅力があふれる社会。そうした「あるべき社会像」を、確かな成長戦略に結び付けることによって、必ずや「強い経済」を取り戻してまいります。

同時に、中長期の財政健全化に向けてプライマリーバランスの黒字化を目指します。

（「（震災復興）」省略）

外交・安全保障

外交・安全保障についても、抜本的な立て直しが急務です。

何よりも、その基軸となる日米同盟を一層強化して、日米の絆を取り戻さなければなりません。二月第三週に予定される日米首脳会談において、緊密な日米同盟の復活を内外に示していく決意です。同時に、普天間飛行場の移設を始めとする沖縄の負担の軽減に全力で取り組みます。

外交は、単に周辺諸国との二国間関係だけを見つめるのではなく、地球儀を眺めるように世界全体を俯瞰《ふかん》して、自由、民主主義、基本的人権、法の支配といった、基本的価値に立脚し、戦略的な外交を展開していくのが基本であります。

大きく成長していくアジア太平洋地域において、我が国は、経済のみならず、安全保障や文化・人的交流など様々な分野で、先導役として貢献を続けてまいります。

本年は、日アセアン友好協力四十周年に当たります。私は、先日、ベトナム、タイ、インドネシアの三か国を訪問し、日本に対する期待の高さを改めて肌で感じることができました。二〇一五年の共同体構築に向けて、成長センターとして発展を続けるアセアン諸国との関係を強化していくことは、地域の平和と繁栄にとって不可欠であり、日本の国益でもあります。

この訪問を皮切りに、今後とも、世界情勢を広く視野に入れた戦略的な外交を展開してまいります。

我が国を取り巻く情勢は、厳しさを増しています。国境離島の適切な振興・管理、警戒警備の強化に万全を尽くし、この内閣の下では、国民の生命・財産と領土・領海・領空は、断固として守り抜いていくことをここに宣言します。

併せて、今般のアルジェリアでのテロ事件は、国家としての危機管理の重要性について改めて警鐘を鳴らすものでした。テロやサイバー攻撃、大規模災害、重大事故などの危機管理対応について、二十四時間・三百六十五日体制で、更なる緊張感を持って対処します。

そして何よりも、拉致問題の解決です。全ての拉致被害者の御家族が御自身の手で肉親を抱きしめる日が訪れるまで、私の使命は終わりません。北朝鮮に「対話と圧力」の方針を貫き、全ての拉致被害者の安全確保及び即時帰国、拉致に関する真相究明、拉致実行犯の引渡しの三点に向けて、全力を尽くします。

おわりに

我が国が直面する最大の危機は、日本人が自信を失ってしまったことにあります。確かに、日本経済の状況は深刻であり、今日明日で解決できるような簡単な問題ではありません。

しかし、「自らの力で成長していこう」という気概を失ってしまっては、個人も、国家も、明るい将来を切り拓くことはできません。芦田元総理は、戦後の焼け野原の中で、「将来はどうなるだろうか」と思い悩む若者たちを諭して、こう言いました。「『どうなるだろうか』と他人に問いかけるのではなく、『我々自身の手によって運命を開拓するほかに道はない』」、と。

この演説をお聴きの国民一人ひとりへ訴えます。何よりも、自らへの誇りと自信を取り戻そうではありませんか。私たちも、そして日本も、日々、自らの中に眠っている新しい力を見出して、これからも成長していくことができるはずです。今ここにある危機を突破し、未来を切り拓いていく覚悟を共に分かち合おうではありませんか。

「強い日本」を創るのは、他の誰でもありません。私たち自身です。

御清聴ありがとうございました。

第三章

評価項目③——数字1【経済指標】

——見栄えのいい数字に隠された不都合な真実

注目すべき問題指標

本章で成績評価の対象とするのは、経済指標である。

何だかんだ言っても、安倍政権の到来とともに景気は良くなったじゃないか。株価も上がったし、円安になって企業の収益もぐっと増えたじゃないか。そのように思われる向きはあるだろう。チーム・アホノミクスの大将も、「全国津々浦々で、確実に『経済の好循環』が生まれています」（２０１７年１月20日・第１９３回国会における施政方針演説）などと言っている。

本当にそうだろうか。数字も、結構、使いようである。自分の主張に都合がいい数字を都合に合うように加工して、もっともらしく正当性を主張することは、結構、可能だ。例えば、グラフの縦軸・横軸の目盛りを上手く取ることで、数字の変化を大きく見せたり小さく見せたりすることができる。

「皆さんの賃金は5年前に比べて5倍になりました」と言われれば、「おお、すごい」

と思いたくなる。だが、その5年前というのが大不況の真っ最中で、賃金水準も史上最低レベルで低迷していたのであれば、5倍増も、実はあまりすごいことではないかもしれない。

比較時点の状況を確認しなければ、本当にすごいのかどうかは、判断できない。ことほど左様に、経済指標の評価にはなかなか慎重を要する。

人が言っていることを、そう簡単に信じてはいけない。そこで、以下では代表的な経済指標について、安倍政権下の推移を検討していきたい。

チーム・アホノミクスに聞けば、数字に関しても「しっかり『A＋』確保してるぜ」と主張するだろう。だが、もとより、そのような自己申告を評価者がスンナリ受け入れることはご法度だ。しっかり点検していこう。

前章の「所信」に関する成績評価では、注目すべき「問題ポイント」を摘出し、それらについて順次検討していった。そこで、本章でもその方式に則り、「注目すべき問題指標」に狙いを定めて数字をみていきたいと思う。それらの問題指標は、次の通りだ。

①為替と株価
②国内総生産（ＧＤＰ）
③対外収支
④雇用と賃金

政策がやってはいけないこと

というわけで、①為替と株価からいこう。

これを筆頭に持ってきているのは、当初から、この二つがチーム・アホノミクスの大看板になっていたからである。チーム・アホノミクスの大将は、政権発足に向かう中で、自分が登場したことによって「円安になったじゃないですか。株価も上がったじゃないですか」と得意満面で言っていた。そのテレビ映像が、今でも目の前に浮かんでくる。

なぜ、今なお記憶が鮮明かといえば、かなりびっくりしたからである。こんなことを得意げに言うわけか。こういうところに政策の焦点を置いているわけか。そう思った。

さて、ついては、ここで何はともあれ最初に確認しておくべきことが一つある。株価が上がると景気が良くなるわけではない。景気がいいから、株価が上がるのである。この順序を間違えてはいけない。ここでもまた、チーム・アホノミクスは思い違いをしているらしい。株価を上げれば、景気も「景気づく」と思い込んできた節がある。これは違う。話の順序が逆転している。

株式市場や国債市場をはじめとする資本市場の動きは、元来、経済実態の動向を反映する体温計だ。経済実態が熱してくれれば、株価が上がる。経済実態が冷え込んでくれば、株価も下がる。そのような形で、経済活動の熱を測り、その結果を我々に示してくれるのが、資本市場の値動きだ。

だから、株価を押し上げることで、景気も舞い上がるという発想は、そもそも、本末転倒だ。そんな狙いで株価を人為的に操作すれば、株価は経済的体温計としての機能を失う。体温計を熱して熱がある振りをする。体温計を冷やして熱がない振りをする。そんなでっち上げを繰り返していれば、経済活動の健康そのものが損なわれていくばかりだ。「景気は気から」などという言い方を振りかざして株価を煽り上げても、経済実態は変わらない。

為替相場についても、基本的には同じことである。一国経済の実態が、その通貨価値を規定する。これが本来の関係だ。元来、為替相場もまた、経済の体温計である。その表情を映し出す鏡として機能するはずだ。

ただ、為替市場を巡っては、実に様々な思惑や力学が作用する。確かに為替相場は鏡だ。だが、その鏡には、当該国の経済実態ばかりではなく、他の国々の経済動向や折々の地政学的状況など、多種多様な事柄が映し出される。

この体温計は、自国経済ばかりではなく、他国経済の体温にも反応する。そのため、為替相場というものは、時として常軌を逸した動きをすることがある。当該国の経済状況から想定される展開とおよそかけ離れた方向に、とてつもない勢いですっ飛んで行ってしまうことがある。

そのような時こそ、政策の出番だ。為替市場に直接介入したり、金利を操作したり通貨供給量を変えることによって、為替相場をより正常だと考えられる軌道に引き戻す。元来、経済政策は経済活動の均衡を保持することがその役割だ。よくバランスが取れた姿から経済活動が逸脱すれば、その不均衡状態を是正する。経済的均衡の番人。それが経済政策だ。したがって、為替相場が明らかに均衡破壊的な動きを示した時、それを是正するために出動するのは、全く正当な政策の動き方だ。

だが、特段、均衡破壊的な事態が発生していないのに、政策が意図的に為替相場を一定方向に誘導するというのは、いけない。それは越権行為だ。妥当性や必然性がない展開を政策が作りだそうとすれば、その行為は必ず経済活動を均衡点から遠ざける。それは、政策が決してしてはならないことだ。

もう一点つけ加えておこう。

もとより、株式市場もまた、為替市場と同様に様々な要因に反応する。基礎的な経済状況とは無関係な要因に反応して異様な動きを示すことがある。噂話や憶測に過剰反応する傾向は、むしろ株式市場の方が強いかもしれない。

だが、だからと言って、政策が株式市場に参入して相場を左右するのは、よほどのことがない限り許されない。なぜなら、株価は個別企業の経営に関する評価値だからである。

日経平均株価や東証株価指数（TOPICS）のような合成指数でも、その構成要素は結局のところ個別株価だ。それらに政策が関与するのは、民間の経済活動に対する過剰介入だ。へたをすれば、統制経済化につながる。そのような政策的過剰介入のご厄介になる事態を回避するためにこそ、多くの株式市場には個別銘柄に関する値幅制限や、過大な株価変動が発生した場合に取り引きを一時停止するサーキットブレーカー制度などが設けられているわけである。

さて、前置きが長くなったが、実は本章でのチーム・アホノミクスの成績評価に当たっては、この準備作業が欠かせなかった。その理由は順次明らかになっていくはずだ。準備が整ったところで、本題に戻ろう。

円を押し下げ、株を押し上げ

そこで、円ドルと株価である。次の二つの折れ線グラフをご覧頂きたい（P98参照）。円相場については、縦軸の上に行けば行くほど円安が進行する形で表示している。

ご覧の通り、いずれの折れ線とも、2012年末を転機にぐっと上向きに立ち上がる格好になっている。円ドル相場についてみれば、2012年9月末には77・9円まで円高ドル安が進み、75円台をうかがう気配を示していた。それが、2012年12月末には86・7円まで円安が進み、以降、90円、100円、110円、120円と大台変わりの円安がどんどん進行する形になった。

この間、最も円安となったのが2015年7月で、123・9円をつけた。125円台が射程距離内に入りそうな雰囲気だった。その後はさすがに勢い一服となって、時折り100円台に立ち戻る場面をみせるようになったが、それでも、110円台前半で行ったり来たりする展開が定着している。

要は、2012年末を境として明らかに様相が一変している。言うまでもなく、2012年末といえば、チーム・アホノミクス政権誕生のタイミングだ。

次に株価である。円相場の展開と良く似た展開になっている。日経平均株価は、2012年11月末の9446・01円から12月には1万395・18円と2012年3月以来の1万円台を回復した。その後はかなり一本調子に近い形で上げ潮相場が続き、2015

●円ドル推移（月次（月末終値）、円/ドル）

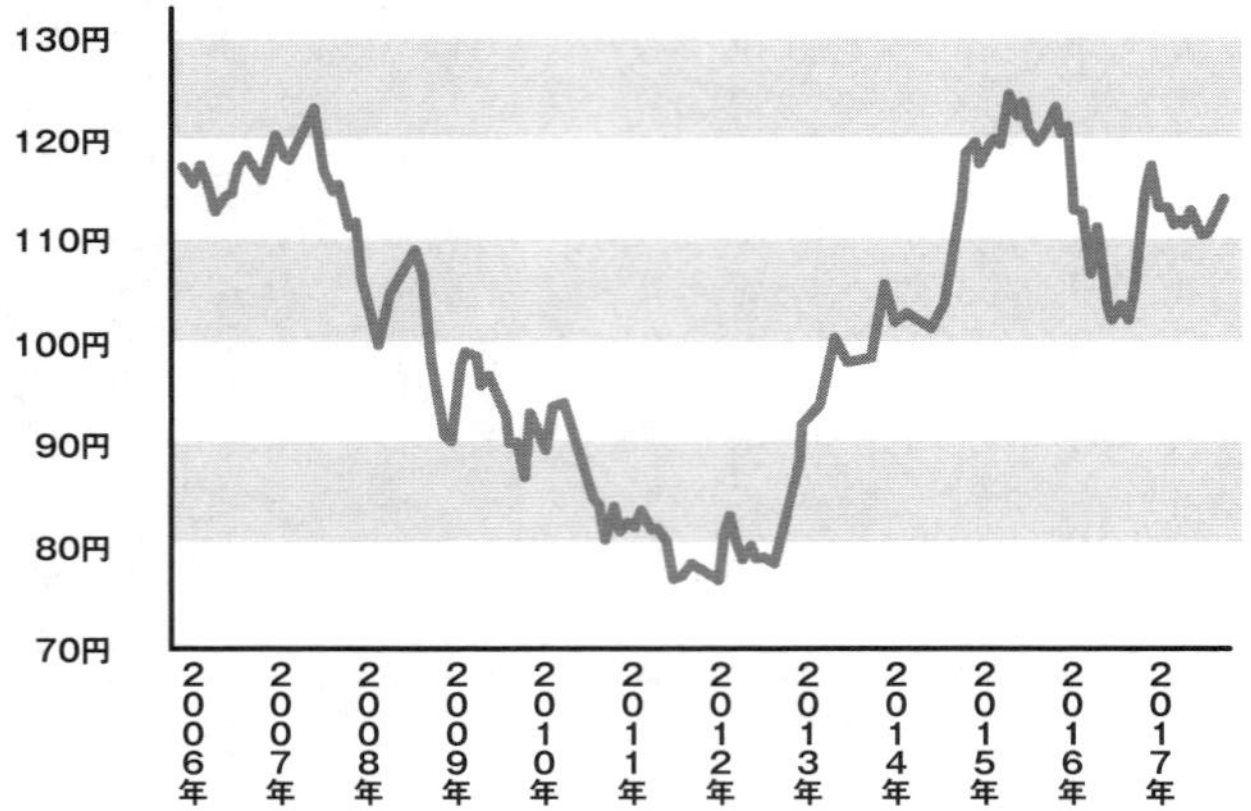

出典:ヤフーファイナンス「アメリカ　ドル / 日本　円【USDJPY=X】」

●日経平均株価（月次（月末終値）、円）

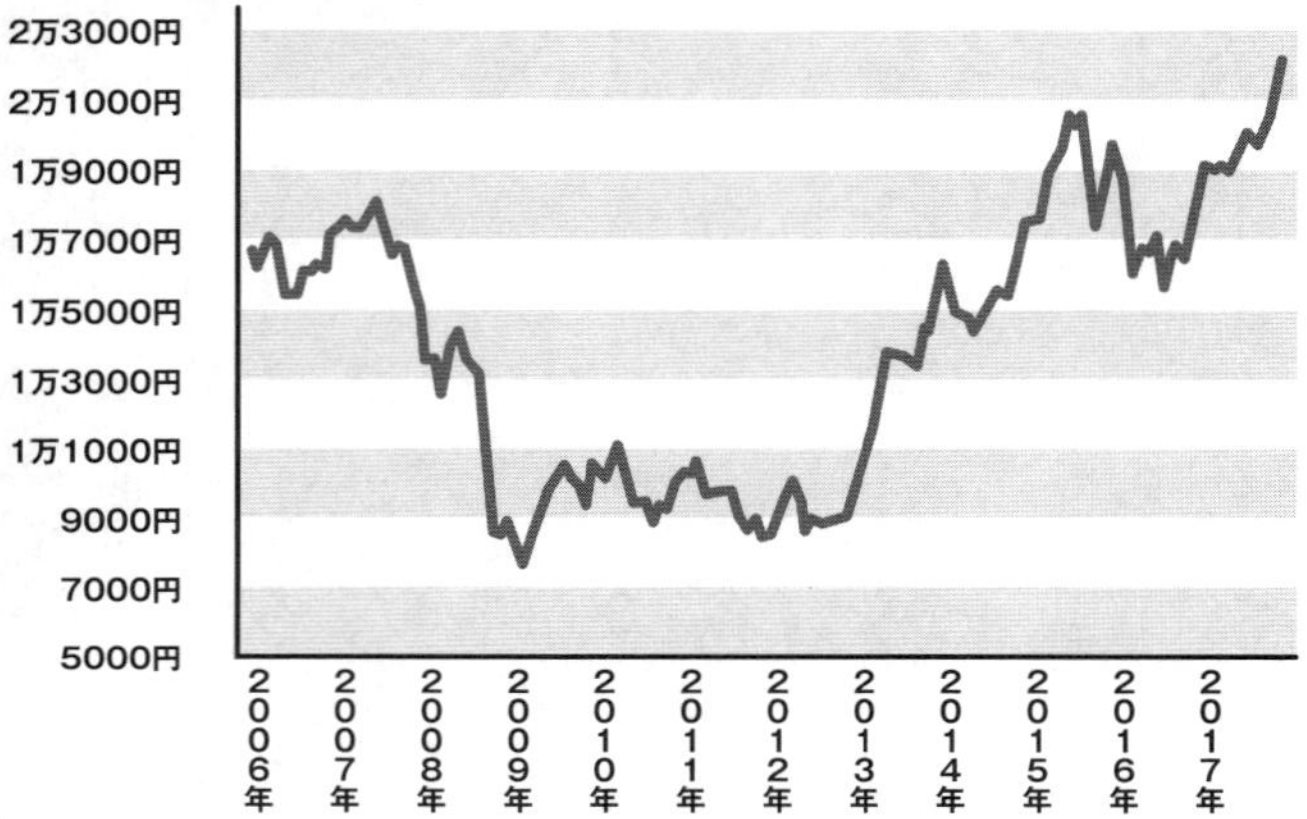

出典:日経平均プロフィル「日経平均株価」

年5月には2万563・15円とついに2万円台に到達している。その後は1万6000円台まで押し戻されたが、2016年末からは再び2万円台に向けての上昇が始まった。2017年末が近づく中で、2万2000円台に到達している。

かくして、安倍政権誕生とともに、要は円安と株高が着々と進んできたわけである。それもそのはずだ。前述の通り、チーム・アホノミクスの大将は、政権発足当初からこの二つを大きな勲章にしたがっていた。当初から円安・株高を狙っていたのである。選挙公約の中にも、「デフレ・円高からの脱却を最優先」にすると明記していた。円高脱却が株高に効くことも、大いに期待していたに違いない。

だからこそ、前述の「円下がったし、株上がったし」発言も飛び出したわけである。思えば、あの頃、外国人投資家たちの中で、安倍政権の経済運営はAsset Bubble Economicsという言い方が流行っていた。資産バブルの経済学だ。ご覧の通り、ABE首相の頭文字を活用している。こういうところは、彼らもなかなかセンスがある。

彼らのセンスは高く評価したい。「A+」をあげていいだろう。だが、彼らをしてそのように言わしめたアホノミクスについては、そうはいかない。前項で申し上げた通り、そもそも、意図的に円安を目指したり、株高を狙ったりすることに問題がある。政策がこのような誘導行為を行えば、収益狙いの投資家たちは、必ずそれに対応した動きに出る。だから、僕ちゃんの出現のおかげで「円下がった。株上がった」となるのは、当たり前である。自慢の種にはならない。それどころか、経済実態を反映するはずの為替相場や株価に経済実態を振り回させようとするのは、政策として犯罪的な本末転倒だ。到底、合格点を差し上げるわけにはいかない。

恐怖の安定株主化する日銀

しかも、株価に関していえば、ここに来て新たな甚だしい不合格要因が発生している。それは、株式市場における日銀の重苦しい存在感問題だ。

前章でみた通り、チーム・アホノミクスは「政府と日本銀行の一層の緊密な連携」を旨としている。この枠組みの中で、黒田総裁は２０１３年４月から株価指数連動型上場投資信託（Exchange Traded Fund＝ETF）の購入を拡大した。白川前総裁時代にも行われていたことだが、白川日銀の狙いはETF市場そのものの育成で、購入規模も年間購入額4500億円に止まっていた。ところが、黒田総裁時代に入ると「資産価格のプレミアムに働きかける観点」という解り難いフレーズの下に、購入額が1兆円に増やされた。

「資産価格のプレミアムに働きかける」というのは、平たく言ってしまえば、株価の押し上げを狙うということだ。日銀が株式投資に参入することで、民間投資家たちが株式を高リスク資産とみなす度合が低下し、株式人気が高まる。この効果を狙うというわけだ。

その後、日銀のETF購入額は2014年10月に3兆円に増え、2015年12月には3・3兆円になり、そして2016年7月には、ついに現在の6兆円に増額された。

前述の通り、政策が株式市場に直接介入することは、基本的に異例だ。中央銀行による金融政策の常套手段の中に株式投資は含まれていない。現状において、日銀のほかには金融政策の一環としてETF購入を行っている中央銀行は存在しない。しかも、年間6兆円という購入額があまりにも大きい。一投資家がこれだけの金額を株式市場に投入するというのは、極めて異例だ。なおかつ、その投資家が中央銀行なのである。およそ考えられない姿だ。この調子で日銀のＥＴＦ購入が進めば、上場企業の大多数において日銀が主要な株主になってしまう。現状において、すでにして少なくとも4社に1社程度の割合で日銀が安定大株主となっているとみられる。

このような状態になってしまっている株式市場を、果たして株式市場と呼び続けていいものか。そこで形成される株価は、いまや完全に日銀相場だ。他の投資家は、すべて日銀買いの行方を意識してしか動かない。日銀買いを意識するから、誰も思い切って株を売り込むことができない。日銀買いが株式相場の下限を決めている格好だ。

日銀によるＥＴＦ購入の６兆円への増額が決まったのは、２０１６年７月29日のことである。この時点での日経平均株価は１万６６００円近傍の水準にあった。それが、２０１７年10月には２万２０００円を突破するところまで到達した。

どうみても、これは日銀による大々的な株価押し上げ政策の結果だとしか考えられない。かくして、いまや、日本の株価は日銀が許容する範囲でしか動かない株価になっている。完全な管理相場の世界と化しているのである。

これでは、株価は経済実態の体温計役を全く果たせない。今の日本の株式市場は、株式市場としては死んでいる。死の海だ。日銀がその息の根を止めてしまったのである。中央銀行がこのようなことをするとは、これまた精一杯巨大な「F」評価をつけざるを得ない。

株価を下げたくないばかりに、株価を押し上げたいばかりに、政策が自らの手で株式市場の首を締め上げているのである。これでは、いくら日経平均株価が高値を更新しようと、意味がない。

しかも、問題はそれだけに止まらない。日銀の株式保有残高は現状で20兆円台に膨らんでいる。これを日銀が減らそうとすれば、どうなるか。

国債をはじめとする債券には、満期というものがある。だから、新たな買い増しを止めれば保有残高は自ずと減っていく。だが、株式に満期はない。したがって、誰かに売らない限り、保有高は減らない。だが、日銀が売りに転じたとなれば、株式市場は大パニックに陥るだろう。だから、撤退は至難の技だ。

ここで、どうしても思い浮かべてしまうのが「魔法使いの弟子」のイメージだ。ゲーテの詩の中にでてくる新米魔法使いだ。魔法のかけ方は覚えた。だが、その解除の仕方が解らない。その結果、あわや大洪水の惨事を招きかける。行きはよいよい、帰りは恐い。このお弟子さんに対して、すんでのところで惨事を食い止めたお師匠様は、間違いなく不合格通知を出したことだろう。

大きい経済、強い経済

問題指標②に進もう。国内総生産すなわちＧＤＰ（Gross Domestic Product）である。２０１７年10月のにわか衆院選に向けての選挙公約の中で、チーム・アホノミクスは、「アベノミクス5年間の実績」の一つとして「名目ＧＤＰ　過去最高　50兆円増加」という項目を掲げた。２０１２年10～12月期の４９３兆円と、２０１７年４～６月期の５４３兆円を対比してのことである。その後にＧＤＰ統計が改定され、２０１７年４～６月期の数値は５４５兆円となっているが、ここでは公約時点の数字で考えていこう。

まず、「過去最高」という胸の張り方が少し笑える。ＧＤＰ統計の数値は、時系列的

●安倍政権の主な主張（「アベノミクス」5年間の実績）

1. 名目GDP過去最高、50兆円増加
2. 就業者数185万人増加
3. 正社員有効求人倍率が初の1倍超え
4. 若者の就職内定率過去最高
5. 企業収益過去最高、26.5兆円増加
6. 家計の可処分所得2年連続で増加
7. 外国人旅行者数5年で約3倍

にみて直近の数値が「過去最高」となるケースが圧倒的に多い。よほどの不況の最中で、連年のマイナス成長が続いているのでなければ、わずかずつでも、GDPの数値は時の経過とともに大きくなる傾向が強い。これが経済成長というものだ。

前述の通り、経済はこのような形でいつも大きくなり続ける必要があるわけではない。時と場合によりけりだ。だが、現実問題としてはプラス成長が続きがちだし、だからこそ、マイナス成長に転じると政策も経営も慌てることになる。このような意味合いにおいて、いつの時点でも、その時点でGDPの規模が「過去最高」になっていることは、さほど声高に誇る得点だとはいえない。

これが、「過去最高の伸び」を達成したというなら、これはなかなか驚異的なことだ。日本経済の過去には、戦後の高度成長期がある。その間には、二桁成長を記録した時期もある。こうした歴史的経緯の中で、上記の2012年10～12月期から2017年4～6月期のGDPの伸び率が過去最高になったのだとすれば、これは驚異的というよりは、むしろ異様なことだと言った方がいい。

だが、この間の四半期平均GDP成長率は0・5％である。年率換算すれば2・2％

だ。異様でも驚異的でもない。その結果として到達した543兆円というGDPの水準はリーマン・ショックによる落ち込み前の530兆円を2・5％上回っているに過ぎない。

確かに不況のどん底に落ち込んでいくような姿ではない。だが、何やら記録を大更新したがごとく、そっくりかえるべき状況ではない。こういうところが、統計の見せ方、語り方の注意を要するところだ。「過去最高」が決して一義的にすごいとは限らない。

ところで、チーム・アホノミクスは2015年9月以来、2020年度に名目GDP600兆円を達成するという目標を掲げてきた。あの時、発表された「新三本の矢」なるものの「一本目」が「希望を生み出す強い経済（目標、GDP600兆円）」だった。今、目標年次が3年後に迫ったところで、この目標達成可能性はどんなものになっているか。

2016年度の名目GDPが539・3兆円だった。ここを起点に、2020年度に600兆円を達成するには、この間に年平均2・7％の名目経済成長率を達成する必要がある。過去の実績からみてこれは相当に厳しい。日本経済の潜在成長率が1％弱だと

●名目GDP（季節調整済・四半期）

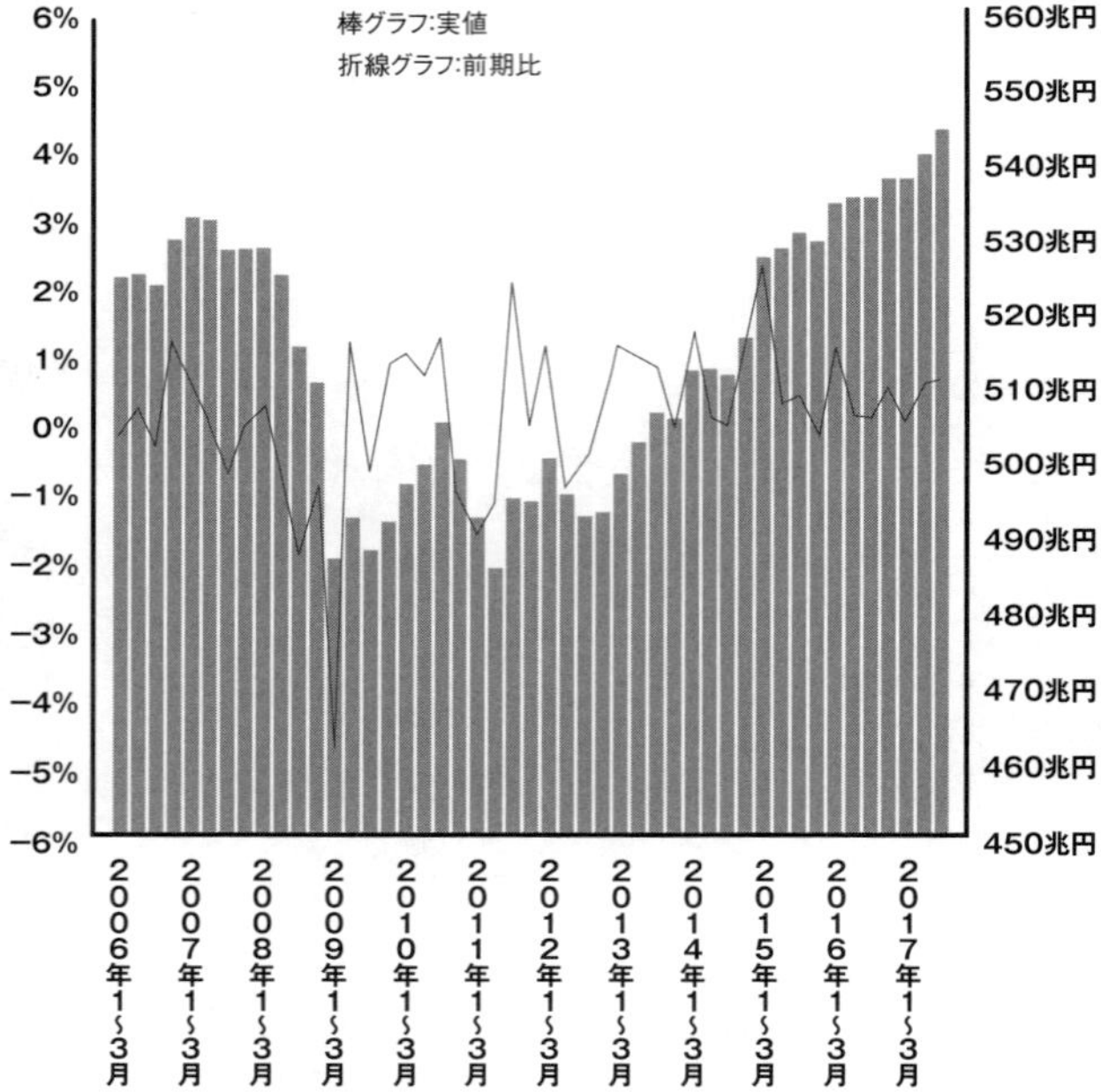

出典:内閣府「四半期別GDP速報(2017年7-9月期・1次速報)」

●実質GDP（季節調整済・四半期）

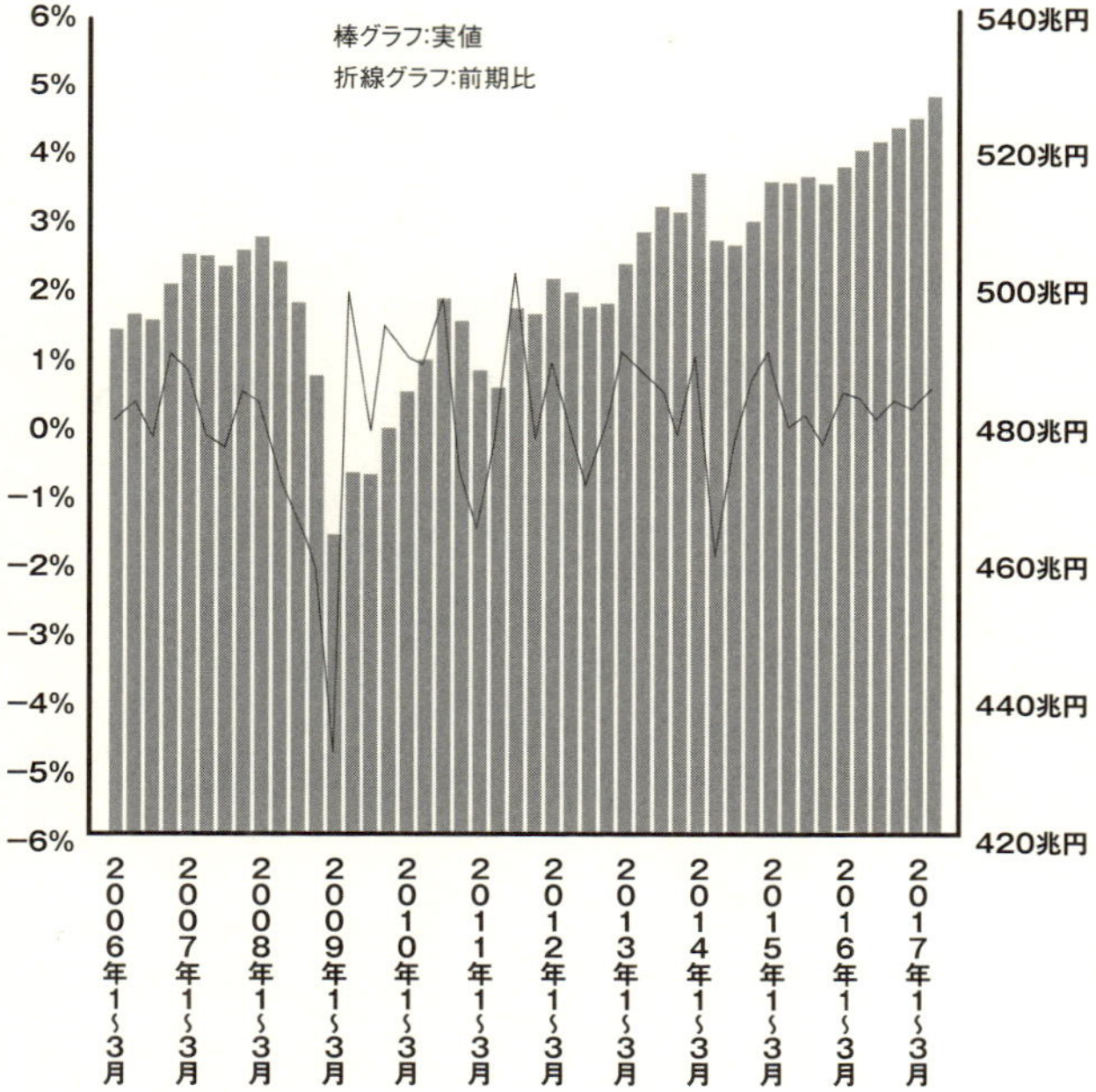

出典:内閣府「四半期別GDP速報（2017年7-9月期・1次速報）」

いう点から考えても、3%に近い名目成長率で2020年度まで走り続けるのは、なかなか息切れのすることだろう。

何がなんでもそれを達成しようということなら、オリンピック特需の追加発動で強引にテコ入れを行うとか、財政事情を無視した減税の大盤振る舞いなどを行うことになる。後者については、すでにしてその兆候が見え隠れし始めている雰囲気だ。

そもそも、「希望を生み出す強い経済」の文言が怪しげだ。誰にとってのどんな希望か。強いことは一義的に希望につながるのか。この辺りには、明らかに前章で確認したアホノミクス的下心が色濃く影を落としている。何が何でも、大きくて強い経済を作り上げたい。21世紀版大日本帝国の強兵路線を下支えする富国の基盤を築き上げたい。そのために、目指すはGDP600兆円というわけだ。

こんな形でGDPを大きくすることにばかり固執していれば、経済活動のバランスはどんどん狂っていってしまう。その方向にひたすら突っ走るチーム・アホノミクスのGDPとの付き合い方にも、やっぱり「F」をつけざるを得ない。

貿易立国から観光立国まで、手当たり次第の立国主義

問題指標③が対外収支だ。前述の通り、チーム・アホノミクスの大将は「円下がったし、株上がったし」を安倍政権誕生の大成果だと盛んに自画自賛していた。

この「円下がったし」には、「それに伴って輸出主導型成長を再現できる」という思惑が込められていたとみていいだろう。現に、「デフレ・円高からの脱却を最優先に」すると宣言したあの時の彼らの選挙公約の中には、「貿易立国」という言葉も掲げられている。果たして円安による貿易立国への回帰はなったか。

まず、基本構図を整理しておこう。日本の経常収支は、長らく黒字ポジションを維持し続けている。かつては、貿易黒字がその主因であった。まさに、輸出主導の貿易立国スタイルで、経常黒字を計上してきた。だが、成熟経済となった今、この構図は大きく変化している（P113参照）。

いまや、経常収支の主役は貿易収支ではない。所得収支（第一次所得ベース、以下同

様）である。所得収支とは、日本の人々や企業たちが海外で稼いだ収益と海外の人々や企業たちが日本国内で稼いだ収益の差額である。

今の日本は、この勘定の黒字が大きい。日本の資本が海外で稼ぎ出す利子や配当やその他の収益、日本人たちが海外で得る報酬などが、経常収支の黒字幅を大きく押し上げているのである。その意味で、今日の日本は輸出大国から投資大国に変貌している。

輸出主導型成長が再現されているのであれば、この投資主導型の経常黒字の構図に変化が生じているはずである。だが、端的にいってその形跡はみられない。日本は相変わらず投資大国で、所得収支の黒字が経常黒字の主要な押し上げ要因になっている。

もっとも、貿易収支の動向にも、チーム・アホノミクスの登場とともに変化が生じてはいる。実は、チーム・アホノミクスの登場後に日本の貿易収支は赤字を計上するようになったのである。それ以前にも赤字を記録することはあった。だが、安倍政権登場後には、赤字月が連続するようになったのである（P115参照）。

貿易収支赤字化の原因は何だったか。原油輸入額が膨らんだという要因もある。だが、大きな要因として実は円安が寄与していたことは間違いない。円安が進行したことで、

●対外経常収支

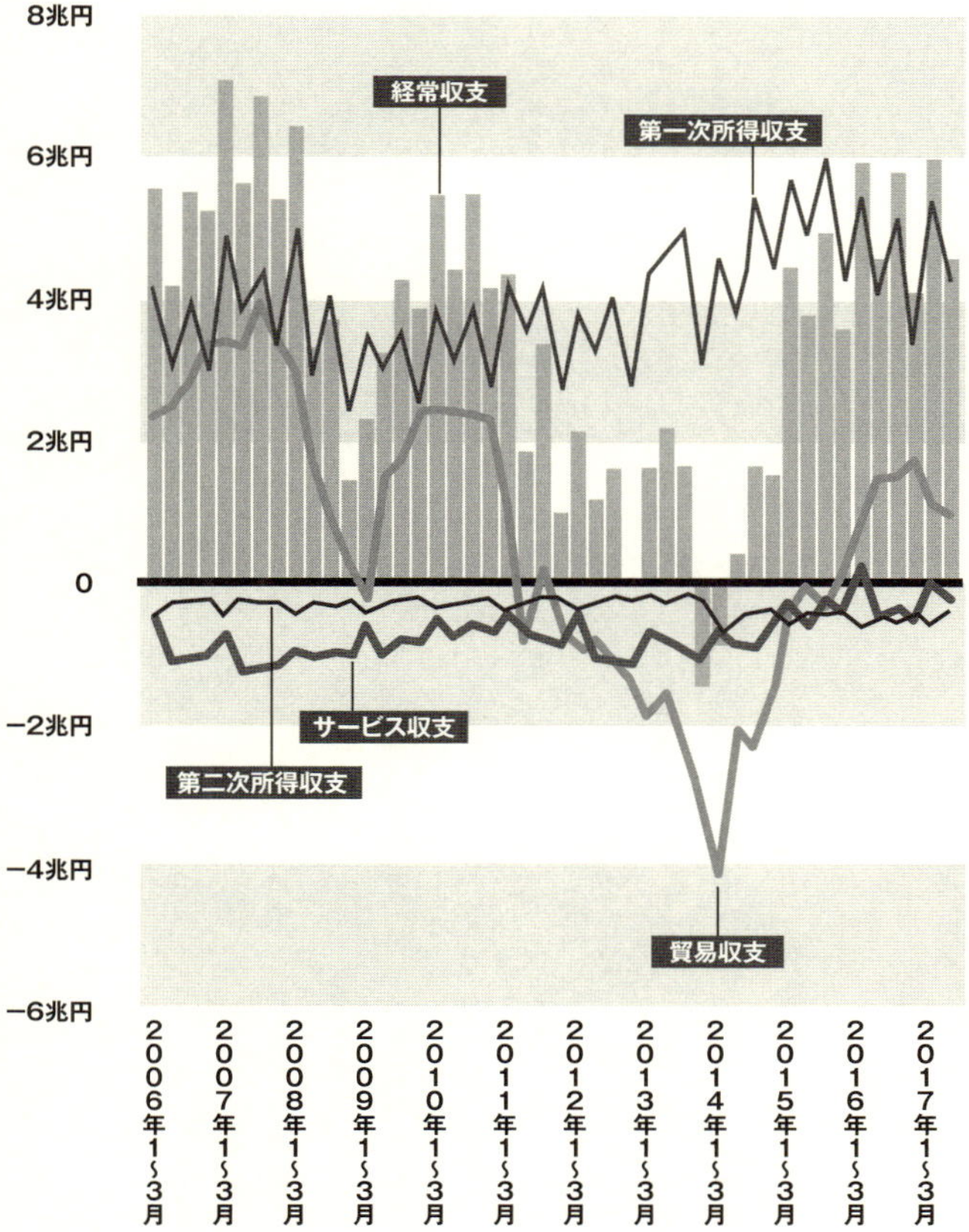

出典:財務省　「国際収支状況」

円建ての輸入金額が膨らんだのである。

つまり、チーム・アホノミクスの大将が「円下がったし」と喜んだ円安は、輸出の数量を増やすのではなく、輸入の金額を押し上げる方向に働いたのであった。これは驚くに当たらない。今の日本の輸出は、かつてのように安さが勝負の商品を主体としているわけではない。円安で外貨建ての単価が下がったからといって、そうそう急激に数量が伸びるとは限らない。

一方で、日本は今や、むしろ輸入大国になっている。企業の生産は輸入部材に依存し、家計の生活も食材をはじめとする多くの輸入品に頼っている。円安で単価が上がっても、そうそう買い控えるわけにはいかなくなっている。これが成熟経済大国の現実だ。

かくして、時代錯誤な円安追求は、むしろ、企業や家計に対して輸入品価格の上昇という形で負担をかける結果となった。「輸出で稼ぐ強い経済」の幻想を追い求める政策が、ここでも経済のバランスを崩す格好になった。「F」！　ちなみに、2013年末から2014年初にかけては、貿易赤字が拡大したおかげで、ついに経常収支レベルでも赤字を計上する展開になったのである。

●貿易収支

出典:財務省　「国際収支状況」

ここに来て、2015年末以降、貿易収支は黒字基調に転じている。最近の展開については、アメリカやユーロ圏の景気回復や中国・インドからの需要続伸が輸出に効いている。ただ、いささか気になるのが、輸入金額がこのところレベルダウンしてしまっていることだ。円安進行が一服したという要因はあるだろう。だが、それにしても、金額規模がどうも小さ目になっている。これはなぜか。

要するに内需が弱いということだ。つまり、このところの貿易収支の黒字化は、輸出が伸びることで達成されている面もさりながら、内需低迷で輸入が伸び悩んでいることに起因している面がある。この点に着目しておくべきだろう。

現に、最新のGDP統計によれば、2017年7~9月期には、輸入が実質ベースで前期比マイナス1・6%の落ち込みを示している。輸入はGDP統計の中の控除項目だ。つまり、輸入が減れば、その分、GDPは推し上げられることになる。この期の実質GDP成長率は前期比0・6%だったが、そのうち0・2%ポイント分は輸入の減少がもたらした押し上げ効果だった。

ちなみに、この期には家計の最終消費支出（=個人消費）が前期比マイナス0・5%

と大きく後退しているとみられる。やはり、内需の主役である消費の低迷が、輸入の減少につながっていたとみられる。

対外収支の項の最後に、サービス収支の動きについてもみておこう。

主に旅行・輸送から構成されるサービス収支は、基本的にマイナスポジションを維持し続けているが、2014年から旅行収支が大幅にプラスに転じることで、サービス収支全体の赤字幅が小さくなっている。サービス収支が全体として黒字化する場面もみられるようになっている（P118参照）。

旅行収支で対外収支を支えること自体が、一義的に悪いとはいえない。だが、少々気になるのが、目指すは「観光立国」ということで、チーム・アホノミクスによる21世紀版大日本帝国の基盤づくりに地域社会が動員され、振り回されていくことだ。

GDPの項で触れた「アベノミクス5年間の実績」の中にも、「外国人旅行者数　5年間で約3倍」というのがあった。「貿易立国」がどうもピントはずれだったから、今度は「観光立国」でGDPを押し上げようと意気込んでいる。どうも、この雰囲気が感じられる。

●サービス収支

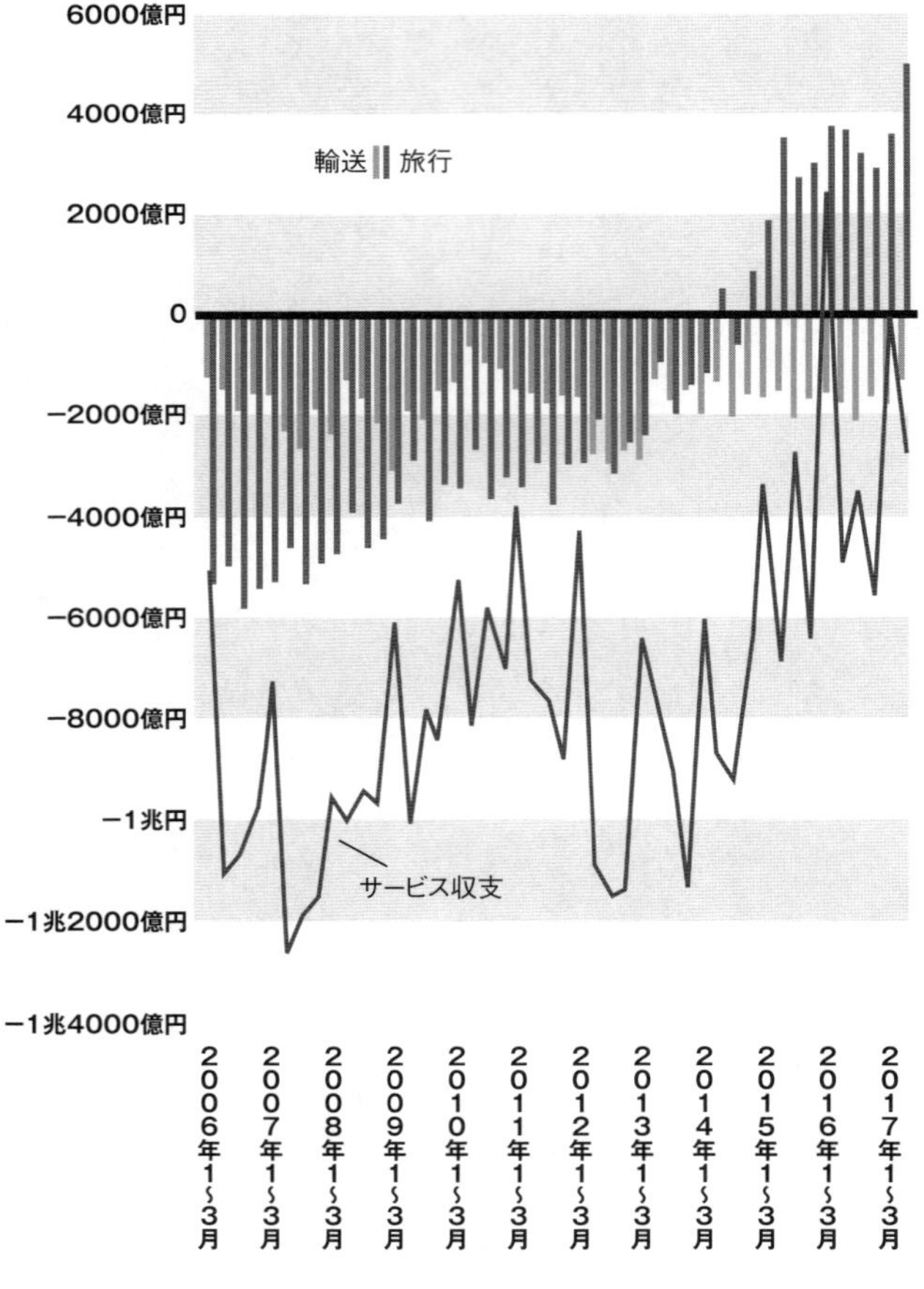

出典:財務省「国際収支状況」

チーム・アホノミクスの下心達成のために、地域が「観光資源開発」に邁進させられる。「地方創生」の号令一下、観光客の呼び込みのために右往左往させられるのは、これまた、やっぱり本末転倒だ。観光立国のために地域社会があるのではない。地域社会のために役立つのであれば、観光立国も使いようではある。だが、優先順位が狂い、目的と手段の関係が逆転すると、最終的には、人々が泣くことになる。人々を泣かせることは、断じて「F」。

雇用の質的劣化が止まらない

最後の問題指標④が雇用と賃金である。前章で言及した経済活動の三角形の視点からいえば、雇用も賃金も分配の辺に関わる決定的に重要な要素だ。分配の辺に力を入れるべき今、チーム・アホノミクスはこれらの要素について何らかの成果を上げていると言えるのだろうか。

ここでまた、例の「アベノミクス5年間の実績」をみてみよう。そこには、雇用に関する実績として、次の三つが挙げられている。

・就業者数　185万人増
・正社員有効求人倍率　初の1倍超え
・若者の就職内定率　過去最高

就業者数185万人増は、2012年が起点、2016年が終点だ。それぞれの年平均値を比較しているとみられる。185万人増は、この4年間の通算増加率が約3％だ。年平均値に換算すれば。0・7％だ。この4年間の間、日本の就業者数は年々0・7％ずつ増えてきたということになる。

確かに、これはなかなかのペースの伸びだ。リーマン・ショックによる落ち込み前の2007年までの4年間をみると、その間の就業者増は120万人弱（総務省「労働力調査」ベース。以下同様。P121参照）だった。

厳密に比較可能な数値かどうかを確認し切れていない。しかも、今回はリーマン・シ

●就業者数（季節調整値）

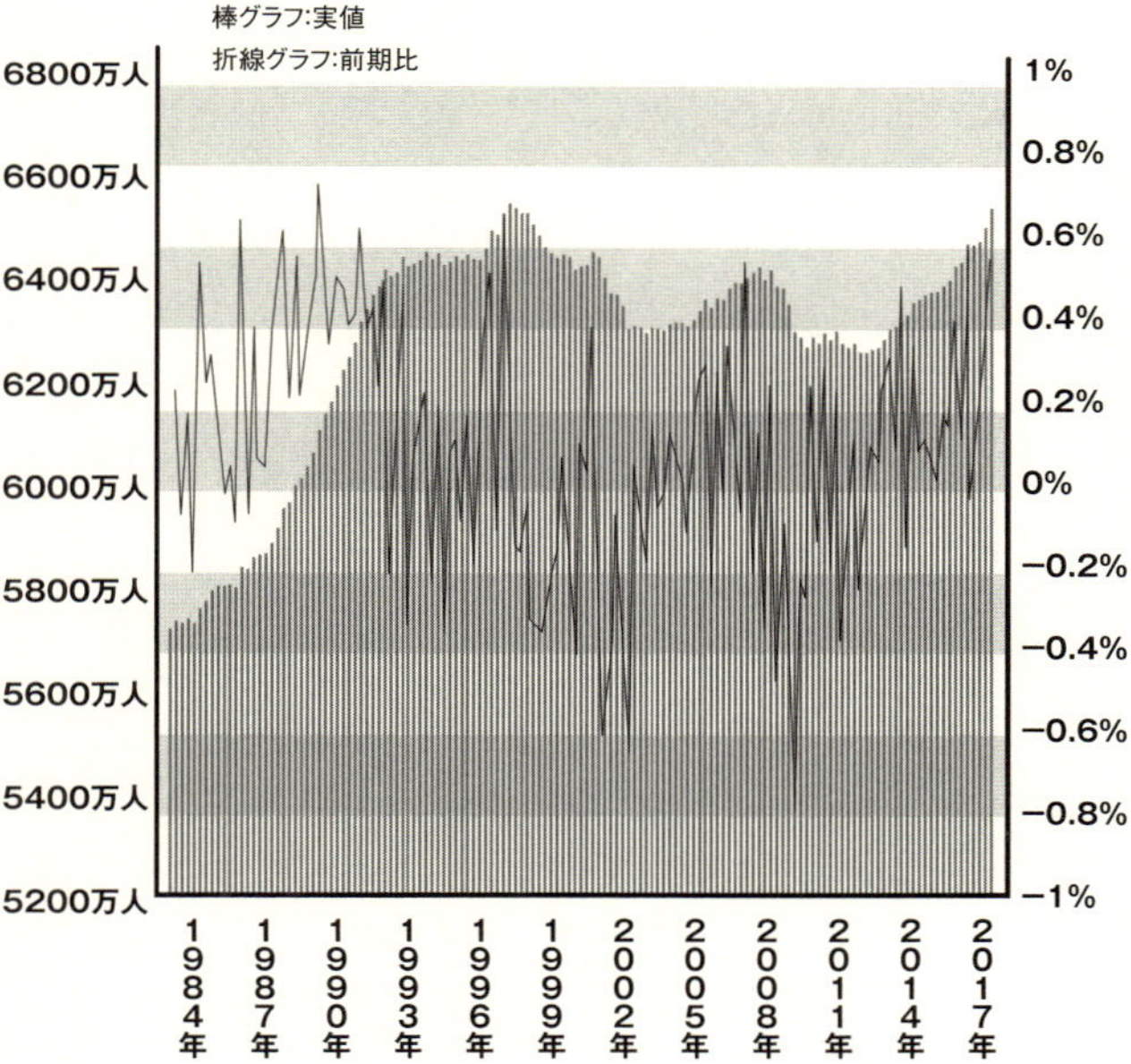

出典:総務省「労働力調査」

ョック後の深い落ち込みからの立ち上がり局面だ。２００３～２００７年は景気回復過程が中盤に入ろうとしていた時期だ。こうした意味で単純比較はできない。だが、それはそれとして、ひとまず、今回の就業者数にはそれなりに堅調なものがあるといえるだろう。

問題は、労働の質である。この間の就業者増には、どのような就業形態が貢献してきたのだろうか。その点について、「アベノミクス5年間の実績」はコメントしていない。チーム・アホノミクスの沈黙を捕捉すれば、明らかに言える点が一つある。それは、この間の就業者増に対して、正規雇用者たちは大きく貢献していないということだ。

２０１２年～２０１６年の間に、正規雇用者数は22万人しか増えていない。４年間の通算増加率が０・６％である。年平均に換算すれば、０・１％という天眼鏡なしにはみえないように微小な伸びしか記録していない（Ｐ１２３参照）。

その結果、雇用者総数に占める正規・非正規の比率は２０１６年には62・５％対37・５％という関係になっていた。さかのぼって２００２年の数字をみると、正規70・６％対非正規29・４％だ。実に大きな変化が生じている。

●正社員就職状況

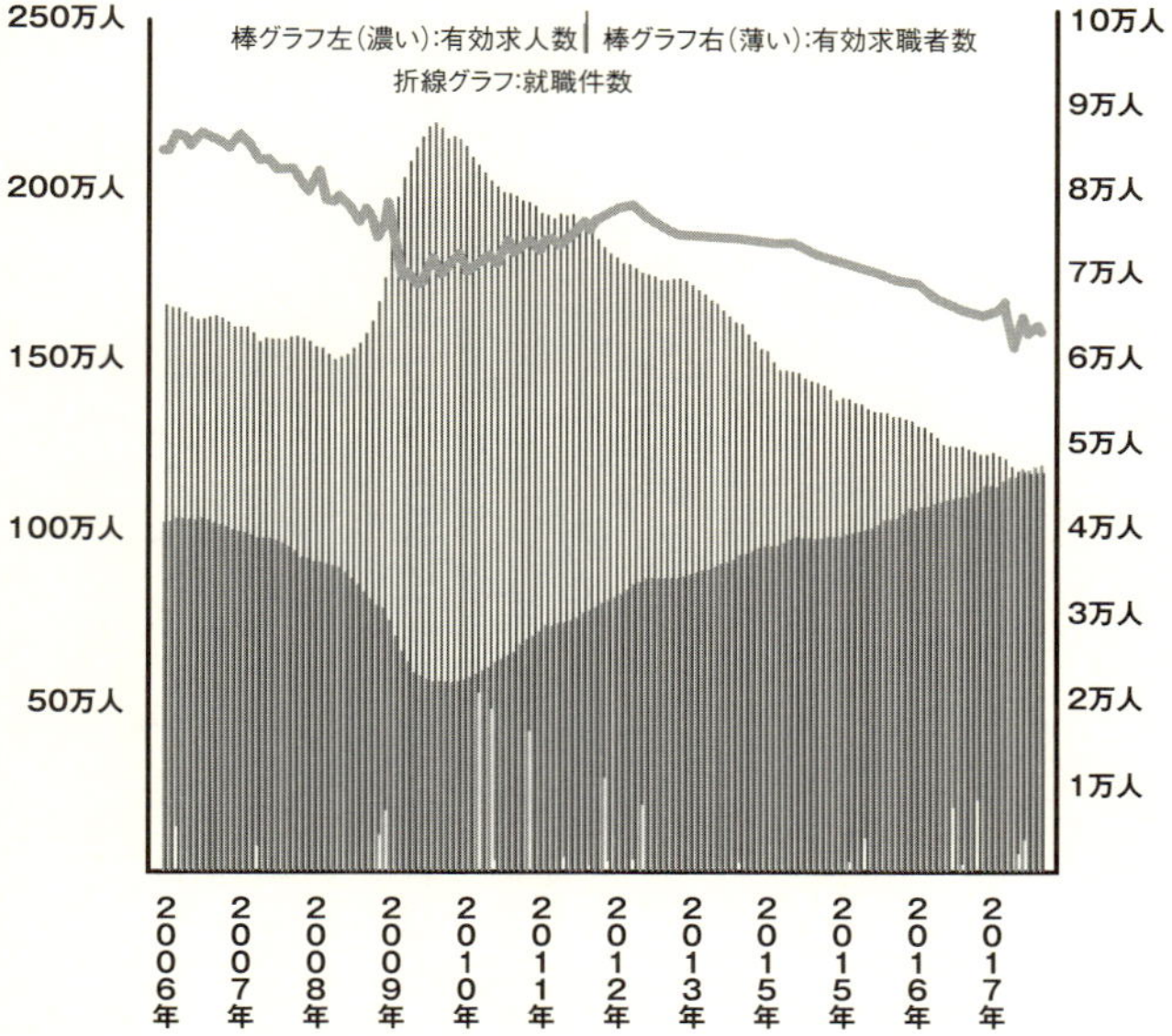

出典:厚生労働省「職業安定業務統計」

「アベノミクス5年間」において、確かに就業者の伸びに関しては一定の成果がみられた。だが、職の安定やそれなりにまともな賃金水準を期待できる正規雇用は、この成果にほとんど貢献していない。雇用の質は明らかに劣化したと言わざるを得ない。

有効求人倍率の「1倍超え」をどう読むか

雇用に関する「アベノミクス5年間の実績」の第二点と第三点に進もう。

再掲すれば、「正社員有効求人倍率　初の1倍超え」と「若者の就職内定率　過去最高」であった。

量はともかく、労働の質に関する成果がみられない。そのようにチーム・アホノミクスを糾弾すれば、彼らは、これら二つの点を示して、「いえいえそんなことはございません」と力説するだろう。

「これらの数値こそ、雇用の質が着実に高まっています。いくらなんでも、これらにF評価がつくのでは異議を申し立てますよ」

●正社員有効求人倍率（季節調整値）

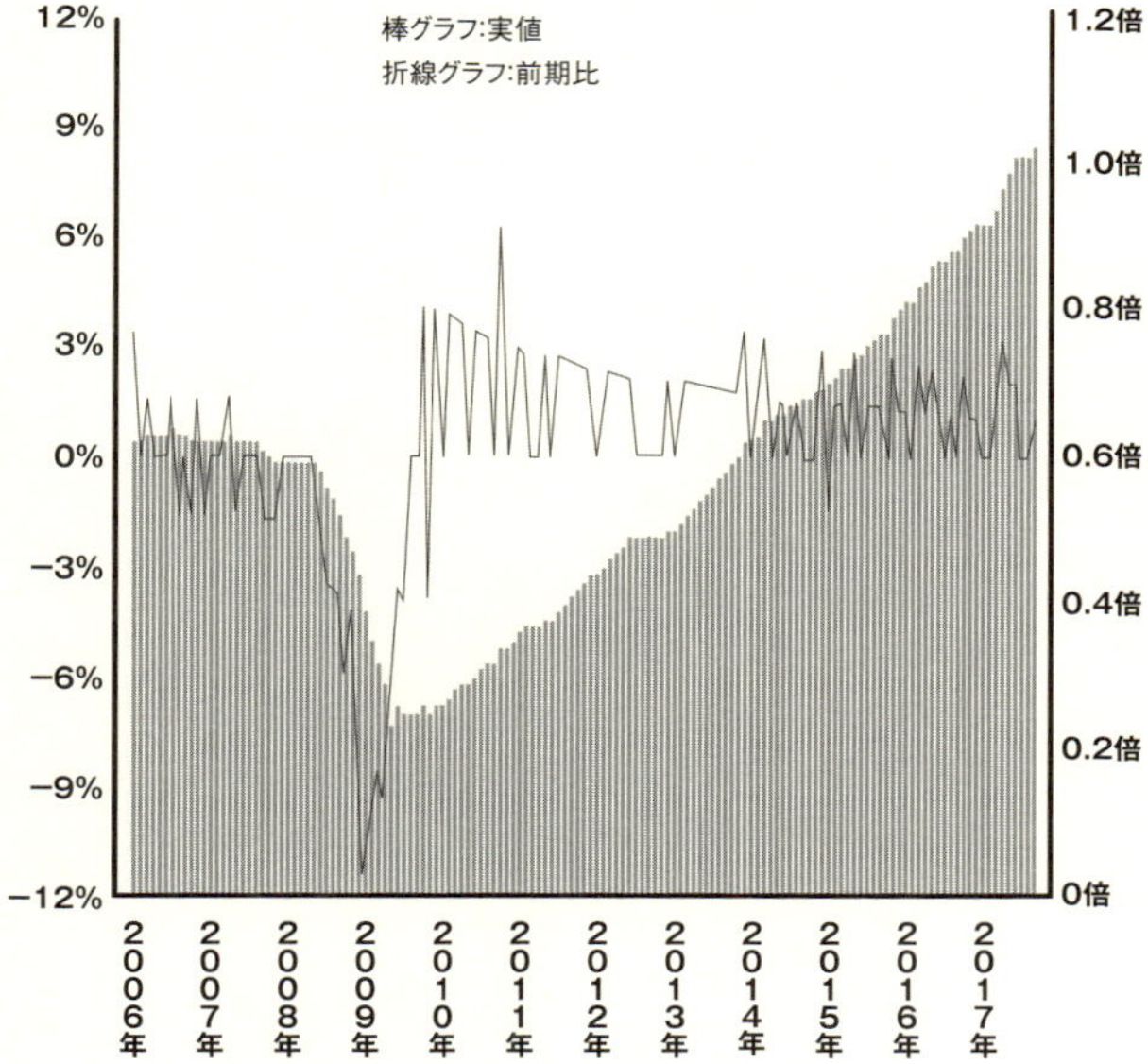

出典:厚生労働省「職業安定業務統計」

そう気炎を上げそうである。さて、どうだろう。

そもそも「正社員有効求人倍率　初の1倍超え」は、いつ以来「初」なのかが明記されていない。学位論文なら、そもそもこの種の書き振りが減点対象になる。いやしくも伝統ある政党の公約文書だから、学位論文並みの水準は無理だとしても、こういうところについても、それなりに高度な厳密性が欲しいところだが、ここはまず大目にみておくとしよう。

それはさておくとして、ここで注意を要するのは、この「初の1倍超え」の正規社員有効求人倍率が、あくまでも全国平均ベースの数値だということである。本当に質を厳しく問うのだとすれば、この数値がどこまで地域格差なく全国津々浦々に行き渡っているかを指し示して欲しいところだ。

都市部の一部大企業の求人動向が平均値を引き上げているかもしれない。人手不足が深刻化する中で、人手確保のために無理に正社員採用を行っている中小零細企業の事例が報じられている。彼らの悲痛な叫びが、この数値の背後に隠れている可能性もある。苦し紛れの正社員採用が、企業経営の基盤を揺るがす。そんな奇異なる経済風景が現出してくることも考えられる。

正社員有効求人倍率の上昇は、正常な環境の下でなら、これほど結構なことはない展開だ。だが、もしも、それがチーム・アホノミクスの下心の経済学が生み出す結果であった場合には、決して手放しに喜んではいられなくなる。

チーム・アホノミクスが、「目指すはGDP600兆円」を振りかざしてオリンピック特需などをむやみに繰り出す。その帰結としてのいわば「有効求人倍率のつくられた1倍超え」が続くとなれば、そのような状況は次第に日本経済のバランスを崩し、その体調に異変をもたらすことになるだろう。

なお、前記の平均値問題との関連で、有効求人倍率の地域別状況をみておこう。正規雇用に絞った統計ではなく、非正規雇用者も含む数値だが、感触をつかむ上で大きな支障はないだろう（厚生労働省「職業安定業務統計」）。2013年1月つまり安倍政権発足直後の時点と、最近の2017年9月の状況を並べてみた（P128参照）。

これらの数値からわかるのは、まず、従来から問題視されていた東京一極集中の状況が、この3年間で一段と進行したという事実である。

●有効求人倍率の変化

2013年1月の有効求人倍率の順位

順位	都道府県	
1	宮城県	1.21
2	東京都	1.2
3	福島県	1.19
4	福井県	1.17
5	愛知県	1.15
6	岡山県	1.11
7	香川県	1.06
8	岐阜県	0.99
9	富山県	0.98
10	岩手県	0.97
11	島根県	0.96
12	石川県	0.95
13	山形県	0.94
14	群馬県	0.93
15	広島県	0.92
16	徳島県	0.9
17	愛媛県	0.88
18	三重県	0.88
19	和歌山県	0.88
20	山口県	0.87
21	新潟県	0.87
22	大阪府	0.85
	全国	0.84
23	京都府	0.83
24	長野県	0.82
25	栃木県	0.82
26	茨城県	0.78
27	静岡県	0.77
28	佐賀県	0.77
29	大分県	0.75
30	鳥取県	0.72
31	福岡県	0.72
32	奈良県	0.72
33	熊本県	0.71
34	宮崎県	0.71
35	滋賀県	0.7
36	兵庫県	0.69
37	鹿児島県	0.69
38	秋田県	0.67
39	千葉県	0.67
40	長崎県	0.67
41	高知県	0.66
42	青森県	0.65
43	北海道	0.65
44	山梨県	0.63
45	神奈川県	0.61
46	埼玉県	0.58
47	沖縄県	0.45

2017年9月の有効求人倍率の順位

順位	都道府県	
1	東京都	2.07
2	福井県	1.98
3	富山県	1.85
4	愛知県	1.85
5	石川県	1.84
6	広島県	1.84
7	岐阜県	1.83
8	岡山県	1.75
9	香川県	1.7
10	長野県	1.68
11	鳥取県	1.68
12	三重県	1.64
13	島根県	1.63
14	群馬県	1.61
15	山形県	1.6
16	大阪府	1.59
17	熊本県	1.58
18	宮城県	1.57
19	静岡県	1.56
20	愛媛県	1.56
	全国	1.52
21	新潟県	1.52
22	福岡県	1.52
23	京都府	1.5
24	茨城県	1.48
25	山口県	1.46
26	福島県	1.43
27	大分県	1.43
28	岩手県	1.4
29	徳島県	1.4
30	宮崎県	1.39
31	秋田県	1.37
32	奈良県	1.37
33	山梨県	1.36
34	栃木県	1.35
35	滋賀県	1.32
36	兵庫県	1.3
37	佐賀県	1.29
38	埼玉県	1.26
39	千葉県	1.25
40	青森県	1.24
41	和歌山県	1.24
42	鹿児島県	1.24
43	神奈川県	1.2
44	長崎県	1.19
45	高知県	1.18
46	北海道	1.13
47	沖縄県	1.08

出典:厚生労働省「職業安定業務統計」

２０１３年１月の段階でも、すでにして高かった。だが、突出ぶりは目をむくほどのものではなかった。ところが、２０１７年９月になると、東京都の有効求人倍率が何と2倍を超えている。福井も１・98倍で2倍まであと一歩の状況だ。これも、ひょっとすると東京が猛烈な吸引力を持って人手を吸い上げてしまうからかもしれない。

沖縄の数字が２０１３年１月比で大きく上昇しているのも、もしかすると、東京の人材吸い上げ効果の煽りを食ってのことかもしれない。東京一極集中の是正は、長らく言われ続けてきたことだ。経済活動の地方分散も、あの手この手で政策の看板が掲げられてきたテーマだ。

だが、現実はそれとは裏腹の様相を強めている。東京がますます人間吸引力を発揮し、それに振り回されて他の地域が人手を求めて右往左往する。そのような構図がどんどん鮮明になっている。この辺りについても、チーム・アホノミクスは沈黙している。

「過去最高」就職内定率の背景

「若者の就職内定率　過去最高」に進もう。チーム・アホノミクスは、大学生の就職内定率が２０１３年４月の93・９％から、２０１７年４月には97・６％となり、過去最高を記録したと宣言している。

ここでまた、あの曲者「過去最高」が出てきた。「過去」はいつからの過去なのか。戦後？　日本経済の有史以来？　それこそ有史以来？　まさか、２０１３年４月を過去の起点としているわけではないだろう。このように、読み手をあれこれ思い悩ませる書き振りには、それだけにただちに「F」評価を与えたくなってしまう。

関連で、もう一つ気をつけておくべきことがありそうだ。それが就職活動期間の違いである。就職内定率というものは、就活期間の設定によって数値が大きく変わってくる。チーム・アホノミクスが言う過去がいつからなのかを指すのかは不明だが、この数年に限ってみても、就活期間の設定は結構めまぐるしく変遷してきた。その展開の中で、異なる時点間の就職内定率を比べることには、かなり注意を要する。

仮に、就職内定率が過去に比して実際に高まっていると言えるとしても、その場合には、今度は前述の人手不足問題の影響を計算に入れる必要が出てくる。

この内定率の高さの裏には、人手不足によって企業が慌てて人を刈り取っていくという力学が見え隠れしている。そしてその人手不足の背景には、チーム・アホノミクスの下心の経済学がある。21世紀版大日本帝国の経済的土台づくり。それが、人手に関する需給状況にも影を投じてくるとなると、これは実に要警戒だ。

物価と賃金の迷路に迷い込んだアホノミクス

最後に残ったのが賃金である。「アベノミクス5年間の実績」は賃金に言及していない。関連分野で家計の可処分所得が「2年連続で増加」という点をあげてはいる。だが、いまひとつ気合いが入っていない観がある。それも無理はない。賃金と所得の分野は、彼ら自身が最も思うようにならないと実感している領域だと推察する。

もっとも、実を言えば、賃金への言及を差し控えるのは当然のことでもある。「官製春闘」などという言葉が使われるほどに、チーム・アホノミクスは労使間の賃金交渉にさえ介入しようとする。この姿勢には、日銀が株式市場で存在感を大きくしていくことと共通の問題性に満ちている。

国家権力がその思いを遂げるには、市民と企業の活動領域に平気で踏み込む。それが経済活動を均衡点から遠くへ遠くへと追いやっていく。この構図があまり露骨になることを恐れてか、「アベノミクス5年間の実績」はとりあえず賃金に関して口をつぐんだ。

彼らが沈黙する中で、実際に賃金はどう推移して来たか。2015年を100とした指数でみると、次の図のようになっている（厚生労働省「毎月勤労統計」ベース）。

グラフをざっくり目視するだけでも解る通り、実質賃金指数には、今なお、下げ止まり感が明確に出てはいない。

リーマン・ショック前は、107~108というレベルで推移していた。それが、直近の2017年夏の段階では100をわずかに上回る水準で低迷している。さらにいえば、実質賃金の右肩下がり傾向は、リーマン・ショック以前から始まっていた。200

●実質賃金（季調済、2015年平均を100として指数化）

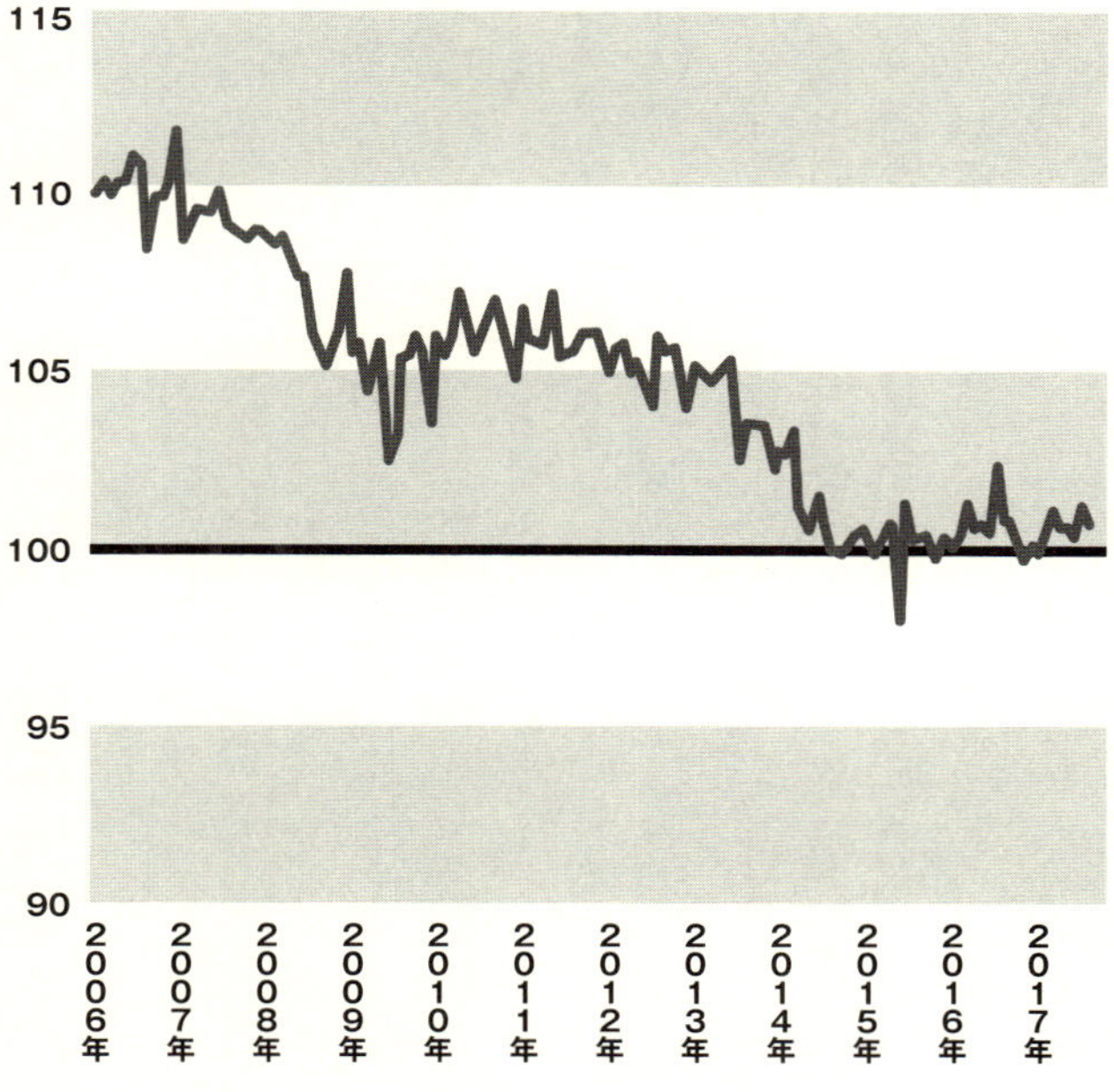

出典:厚生労働省「毎月勤労統計調査」

6年の段階で、この指数は109~110で推移していたのである（P133参照）。それだけ、何かにつけて労働報酬が割を食う世の中が続いてきたということだ。だが、分配ばかりにこだわっていては埒があかないというスタンスで登場したチーム・アホノミクスは、明らかにこの面でしっかりした政策対応を怠ってきた。

経済成長率さえ高めれば、その恩恵がやがて回っていく。この論法に徹して労働分配率を高めることに気配りしてこなかった。その結果、いまや、ここを何とかしないと格好がつかないところに追い込まれている。

実質賃金が低迷を続ける一方で、物価はそれなりに上がってきている（P135参照）。日銀の前年比2％の物価目標には手が届かない。だが、円安が進んだし、消費税も引き上げられた。その意味で、政策目標はさておき、人々が日々向き合う物価はどんどん下がり続けているわけではない。そうした物価の動きに賃金上昇のペースがついていかない。だから、実質賃金が下がるわけである。

思えば、物価と賃金を巡ってチーム・アホノミクスはなかなか厄介な事態を自らつくりだしてきた。なぜなら、チーム・アホノミクスの日銀支部長である黒田日銀総裁は、

●消費者物価指数（2015年平均を100として指数化）

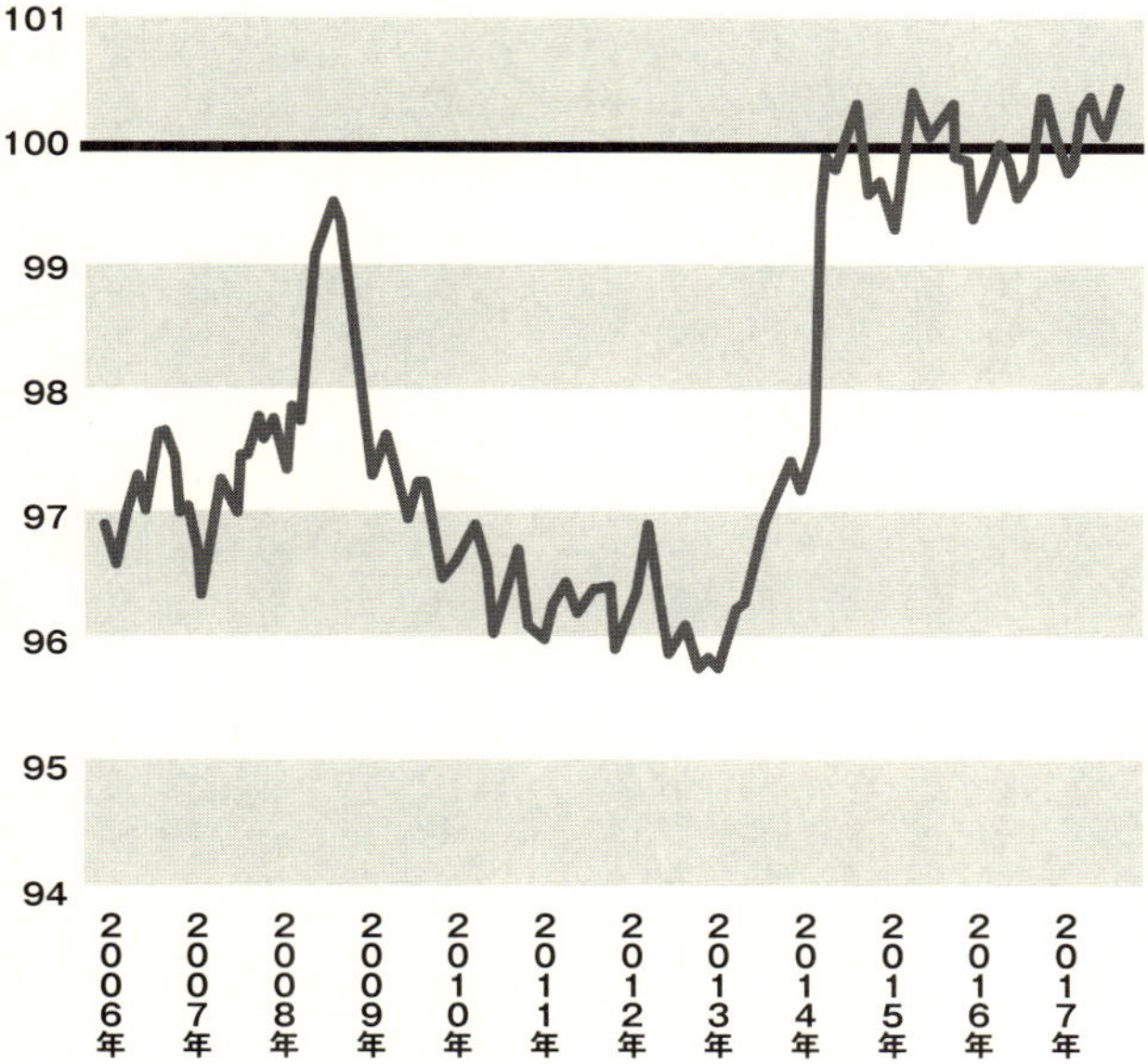

出典:総務省統計局「消費者物価指数」

2％の物価目標を掲げている。

その達成を建前にして、国債と株式の大量購入を続けている。だが、チーム・アホノミクスの日銀支部長としては、物価目標はまさしく建前だ。本当に追求しているのは、大将に成り代わって円安・株高をサポートすることだし、「日銀子会社論」を唱える大将のために資金供給の円滑を図ることだ。したがって、彼としてみれば、あくまでも建前である物価目標が達成されてしまっては困る。国債とETFの大量購入を止めなければならなくなるからだ。

さらに困ったことに、大将のために追求している円安は、輸入物価の上昇を通じて消費者物価を押し上げる。物価の上昇ペースが多少とも加速すると、すぐさま賃金上昇は後《おく》れを取る。それだけ、企業の賃金コスト抑制願望は頑なだ。物価上昇に賃上げが取り残されれば取り残されるほど、実質賃金は下がる。ここがアホノミクスの泣き所だ。

円安・株高・物価高を指向する側面と、この側面を賃金上昇につなげようとする構えとの間に絶対的な矛盾の壁が出来上がってしまった。彼らが目論んだ通りには、問屋が卸さない。そんな迷路に迷い込んでしまった。

このような目標ジレンマを抱え込むような政策体系には、決して合格判定を下すわけにはいかない。「F」！「F」！「F」！

第四章

評価項目④——数字2【支持率】

——支持・不支持の裏には二つの「不」がある

注目すべき世論ポイント

本章の成績評価対象は、世論調査に現れた「支持率」である。

時の政府との関わりで支持率という言葉を使えば、直ちに頭に浮かぶのが「内閣支持率」である。まずはこれが定番だ。だが、それだけではない。この他にも、政府の個別的な施策や様々な構想について、支持率に関する世論調査が実施される。

むろん、政府の政策と直接的な関わりがない時事的テーマについても、多くの機関が世論調査を行っている。そして、それらへの回答に対しても、政策の動向とそれに対する支持率が影響を及ぼすことがある。ここでは、そうした様々な支持率に焦点を当ててチーム・アホノミクスの成績評価を試みる。

支持率という概念を評価項目に設定することについては、違和感を覚えられる向きもあるかと思う。そもそも支持率そのものが、すでにして一定の評価の現れだ。支持率が高ければ合格。低ければ不合格。そういうことではないのか。そのようなご指摘を受けそうだ。

ごもっともである。だが、ここで考えたいのは、諸々の支持率そのもののもさりながら、それをもたらしている背景である。特定のテーマに関する特定の支持率の数値は、どのような要因が組み合わさる中で成り立っているのか。どのような人々によって支えられているのか。諸々の背景要因に照らした時、ある特定の支持率の数値にどこまで納得性があるといえるか。

このような諸点の検討を通じて、チーム・アホノミクスを巡る支持率模様が意味するところを見極める。そして、そこに浮かび上がるチーム・アホノミクスの姿に対して合否判定を下す。これらのことが本章の目指すところだ。

以上の観点から、ここでは、もっぱら朝日新聞社による全国世論調査の結果を検討対象とする。朝日新聞社の世論調査には、定例的に行われるＲＤＤ方式の電話調査と、折々の時宜に応じた郵送調査がある。それらに関する「全国世論調査詳報」が本章の基本素材となっている。

ここまでの一連の成績評価を行うに当たって、第二章では「注目すべき問題ポイント」を設定した。第三章では、「注目すべき問題指標」についてみた。この方式を踏襲して、本章では、次の三つの「注目すべき世論ポイント」を検討対象とする。

①総合支持率
②属性別支持率
③施策別支持率

本当に高支持率政権なのか

さて、作業に入ろう。第一の注目すべき世論ポイントが、総合支持率である。ずばり、チーム・アホノミクスに関する内閣支持率そのものだ。その推移は、次頁の通りである。安倍政権発足直後の２０１３年１月以降、２０１７年10月までの内閣支持率と不支持率をグラフ化した。

支持・不支持の二つの折れ線が我々に語りかけてくることは何か。特徴的な諸点を列

●安倍内閣支持率（PMLインディックス）

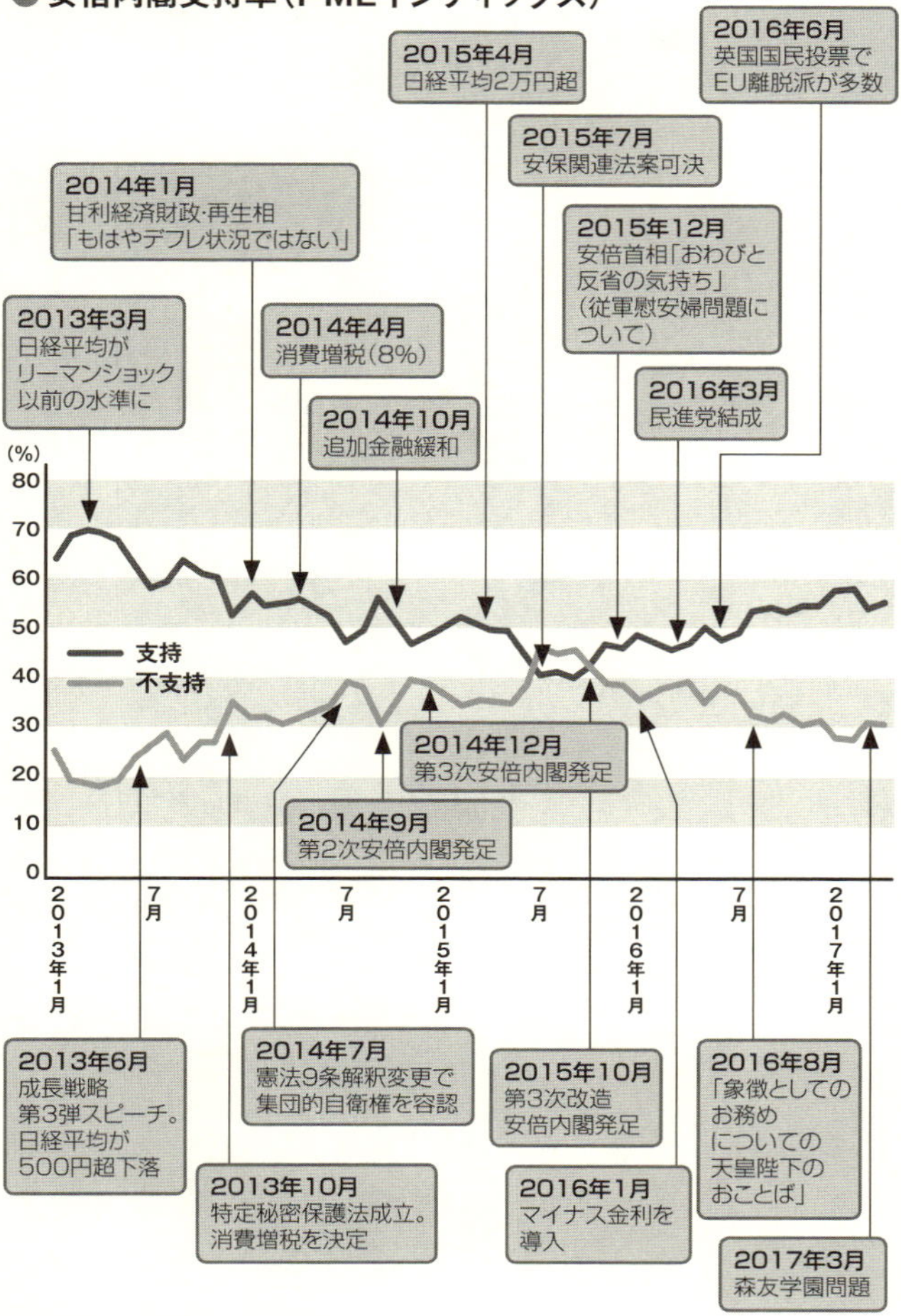

出典:REAL POLITICS JAPAN

記してみれば、次のようなところだ。

・政権発足直後にご祝儀相場の支持率6割台局面があった。
・その後の支持率は3割台から5割台の範囲で行き来している。
・不支持率は支持率のご祝儀相場期に2割を割り込んだが、その後は概ね3割台から4割台で推移している。
・不支持が支持を上回った局面が二回ある。一回目は、安保法制を巡る2015年の攻防場面。二回目が「もりかけ問題」の露呈場面。
・ダレかけた支持率が盛り返す場面では、外交・安全保障上の緊迫感や心配事が下支え効果を発揮する。いわば有事神風効果だ。

およそこんなところだろう。このざっくりイメージを踏まえつつ、いま一度、二つの折れ線の関係をみていると、改めて気がつくことがある。

安倍政権といえば、高支持率政権だというイメージがすっかり定着している。だが、よくみれば、支持・不支持の二つの折れ線間にさほど大きなギャップがあるわけではない。前記のご祝儀相場期には、確かに上顎と下顎の間の距離がぐっと広がって大あくび状態になっている。だが、その後は口が閉じていく展開になる。両者の関係が逆転する場面も出現するようになった。

さらには、これも前記の通り、支持率の変動幅が30％台から50％台、不支持率の変動幅がほぼ3割台から4割台である。両者の変動帯が決定的にかけ離れているわけではない。現に、この間における月別支持率と同不支持率の差分の平均値を取れば、15・2ポイントである。僅少差だとは言えないが、とてつもなく大きいわけでもない。

かくして、言えることは何か。それは、安倍政権が実は基本的に「支持・不支持拮抗政権」だということである。

ともかく支持率が高い。しかも、なかなか支持率が下がらない。安倍政権への支持率は、何かにつけてこのような形で話題になる。だが、こうしてみれば、これはどうも少し違う。

ここで連想が及ぶのが、第一章で問題にした総選挙結果に関する「自公勢圧勝・大勝」報道だ。あれは、実は「自公勢辛うじて選挙前勢力維持」が実態だった。安倍政権に対する支持率を巡っても、同様の思い込みイメージ問題が発生していないか。

数字をみれば、彼らに対する支持と不支持は結構厳しく綱引きしている。だからこそ、なかなか一定方向に大きく潮目が変わらないわけである。支持と不支持が、土俵上でそれなりにがっぷり四つに組んでいる。むしろ、これが正確な構図ではないか。

こうしてみる限り、与野党間相撲にならないほどの実力差があるというイメージは浮かんでこない。だからこそ、前述の「一怯の怯え」がチーム・アホノミクスの大将を過激行動へと駆り立てることにもなる。

綱引きする二つの「不」

ここまでくると、さらに興味深い点に思いが及ぶ。支持・不支持ががっぷり四つの膠着状態に動きがある時、そこに働く力学はいかなるものか。二つの折れ線グラフを、交錯させたり遠ざけたりする要因は何か。

筆者には、それが二つの「不」であるように思える。かたや「不安」、かたや「不信」だ。「不安」が内閣支持率を高める。そして、「不信」が内閣不支持率を高める。どうも、このように言えそうである。

「不安」の方から行こう。

前述の通り、観測期間の支持・不支持差は15・2ポイントである。これを上回って、支持・不支持格差が拡大しているのはいつか。初期のご祝儀相場局面とその余熱が残っていた2013年を除けば、それは2016年10～12月期から2017年1～4月期だ。この時期に何があったか。

ヨーロッパでは、テロ事件があり、ポピュリズム旋風が吹き荒れていた。イギリスのEU離脱に伴う先行き不透明感も深まっていた。アメリカの大統領選もあった。韓国の朴槿恵大統領（当時）が辞任した。トランプ政権の誕生に対して、ロシアが、中国が、そして北朝鮮がどう反応するか。市民感情を揺さぶる多くの事が持ち上がっていた。

こうした世の中の空気が、あの「強い日本を取り戻す」というチーム・アホノミクスの大将のメッセージに吸引力を与えた。そのように言うことができるのではないか。

いわば有事神風効果だ。2017年10月の総選挙に向けてチーム・アホノミクスの大将が「国難突破」の旗印を掲げたのも、この有事神風効果を狙ってのことだったと言えるだろう。折しも、北朝鮮の相次ぐミサイル発射問題が、北から吹き寄せる格好の有事神風要因となった。

「不信」の方はどうか。

支持・不支持格差が平均値を大きく下回った局面は二つある。一つが2015年の7月から2016年の春先にかけてだ。もう一つが、2017年の6月~10月である。この二つの時期には、何があったか。多言は要しない。

第一局面は、安保法制を巡る攻防とその衝撃の波及期間である。チーム・アホノミクスの安全保障関連法案ごり押し姿勢をめぐって、あの時、世論の怒りが最高潮に達した。まさに政権不信が全面的に噴出した場面であった。長らく物言わぬ人々だった若者たちが、SEALsなどを中心に安倍内閣退陣を強く訴えるようになった。

第二局面は、言わずと知れたモリカケ問題の発覚期である。不正の隠蔽に死に物狂いとなるチーム・アホノミクスの有様に対して、まさしく人々の政権不信が極まることになった。

ここまで来ると、内閣支持率という視点からみても、チーム・アホノミクスへの成績評価は実のところなかなか厳しいものとなってくる。

支持率に関しては、さすがに合格判定にせざるを得ないだろう。そう思われた皆さんも少なくないかと思う。筆者も、正直なところ、そうかもしれないと考えていた。だが、そうではなかった。

有事神風の「不安」効果に頼むチーム・アホノミクスは、その「一怯の怯え」が生むごり押し行動と隠蔽工作によって、人々の「不信」の寝た子を起こしてしまった。「不信」に寄り切られそうになりながら、「不安」をてこに何とか土俵際で踏ん張っている。土俵を割る時も近いか。

女性たちが忌避するチーム・アホノミクス

ここからは②の属性別支持率編だ。三つの属性に注目した。男女別・職業別・世代別である。

ここでも、まずは「男女別」で目につく特徴点を列記してみる（P151参照）。

・支持率・不支持率とも、男女で良く似た動きをしている。

・つまり男性の内閣支持率と女性の内閣支持率は連動し、男性の内閣支持率と女性の内閣不支持率も連動して動いている。

・だが、同じ連動関係でも、支持と不支持では大きな違いが一つある。

・すなわち、男性の内閣支持率と女性の内閣支持率の間には比較的大きな開きがある。平均的にほぼ10ポイントの差である。

・それに対して、男性の内閣不支持率と女性の内閣不支持率の間の開きは僅少である。平均的に2ポイント程度だ。女性の不支持率が男性の不支持率を上回るケースが過半を占めた。

・男性の場合、内閣支持率が不支持率を下回ったことは観測期間を通じて一度もない。

・女性の場合、内閣支持率が不支持率を下回る局面がみられた。

●内閣支持者の構成（男女別）

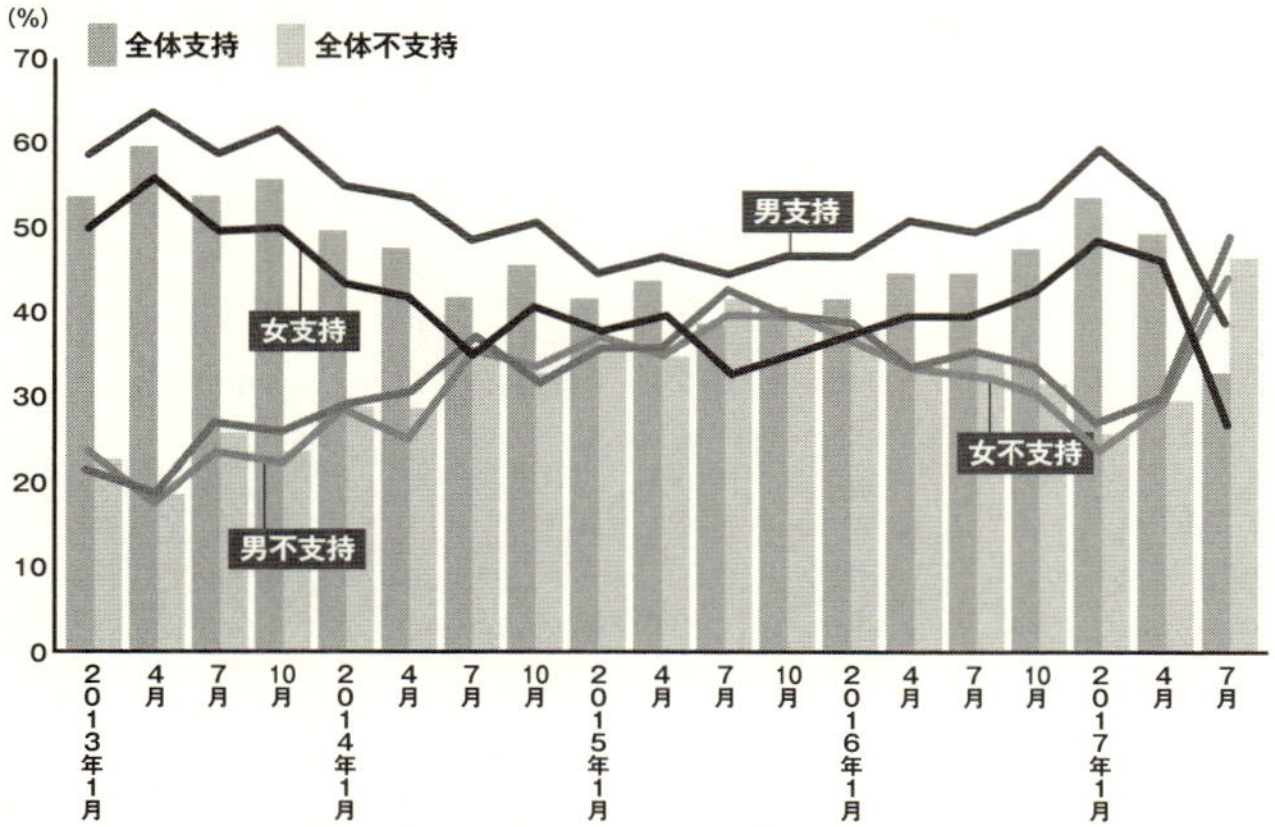

	全体		男		女	
	支持	不支持	支持	不支持	支持	不支持
2013年 1月	54	23	59	24	50	22
4月	60	19	64	18	56	19
7月	54	26	59	24	50	27
10月	56	24	62	23	50	26
2014年 1月	50	29	55	29	44	29
4月	48	29	54	26	42	31
7月	42	36	49	36	35	37
10月	46	33	51	34	41	32
2015年 1月	42	37	45	38	38	36
4月	44	35	47	35	40	36
7月	39	42	45	40	33	43
10月	41	40	47	40	35	40
2016年 1月	42	38	47	37	38	39
4月	45	34	51	34	40	34
7月	45	35	50	33	40	36
10月	48	32	53	31	43	34
2017年 1月	54	26	60	24	49	27
4月	50	30	54	29	47	30
7月	33	47	39	45	27	49

出典:朝日新聞出版『Journalism』2013年3･6･10･12月号、2014年4･6･9･12月号、2015年3･7･9･12月号、2016年3･6･9･12月号、2017年3･4･9月号「朝日新聞全国世論調査詳報」をもとに作成

・男性の場合、内閣支持率は一貫して調査対象全体の支持率を上回っている。
・女性の場合、内閣支持率は一貫して調査対象全体の支持率を下回っている。
・男性の場合、内閣不支持率は全体の不支持率に限りなく近似している。
・女性の場合、内閣不支持率は全体の不支持率に限りなく近似しているが、女性の不支持率がほぼ一貫して全体の不支持率を上回っている。

およそ以上だ。面白い結果が鮮明に出ている。まず、男女を問わず、チーム・アホノミクスの支持者たちの心の動き方は一致している。だからこそ、ご覧の通り、時系列的な支持率の推移がほぼ完ぺきに同じ軌跡を示している。チーム・アホノミクスの不支持者たちについても、基本的に同様だ。折れ線の形は男女で酷似している。

だが、前記の通り、大きな違いが一つある。男女の支持率グラフは連動しているが両者の間に開きがある。さながら、フィギュア・スケートの男女ペアが、一定の距離を保ちながら同じ振りで踊っているようだ。一方、男女の不支持ペアはほぼ一貫してピッタリくっついたままである。片時も離れたくないらしい。そして、女性の不支持率が男性の不支持率を上回る傾向が強い。リフトしっ放しで踊り続けている感じだ。

このペア演技をどう読むか。支持組においては男女ともチーム・アホノミクスへの信頼度が高い。だが、女性は男性ほどにチーム・アホノミクスを信用する気にはなれない。かたや、不支持組においては、男女ともほぼ同じ程度にチーム・アホノミクスへの不信感が強い。そして、その度合は相対的に女性の方が強い。こういうわけだ。

要するに、支持側も不支持側も男女それなりに気が合ってはいる。だが、総じて女性の方がチーム・アホノミクスに対して腰が引けているということだ。

そこへいくと、男性のチーム・アホノミクス支持者たちは、相当程度にアホ・ラブが強い。何しろ、彼らの内閣支持率は一貫して調査対象全体のそれを4～5ポイントほど上回っている。彼らは、決してチーム・アホノミクスを見捨てることがない。確信犯的信奉者たちである。彼らのアホ・ラブはどこから来るのか。その背後には何があるのか。

この点については、他の属性に関する状況と合わせて考えた方が良さそうだ。およそ察しはつく気がするが、決めつけてはいけない。ひとまず、この大きな発見にしっかり留意しておこう。

一方で、内閣不支持女子たちのアホ・ヘイトも、相当に確信犯的だ。彼女たちの内閣不支持率は、ほぼ一貫して全体平均を上回っている。彼女たちは、ひょっとすると、当初からチーム・アホノミクスの下心を見抜いていたのかもしれない。見抜くというよりは、直感的に察知していたということだろう。なぜ彼女たちにはそれができるのか。

それは、女性たちが本源的に強き者たちであり、したがって究極の助け手だからなのだと思う。助け手というのは、助手の意ではない。救う人という意味だ。強き者には、救う者となるべき義務がある。その義務を履行できるためには、悪しき臆病者たちの存在に対して敏感でなければならない。だからこそ、多くの良識ある女性たちが、チーム・アホノミクスの大将がテレビに出てくるとチャンネルを替えたくなるのである。

それに対して、アホ・ラブ系の女子たちには、強き救い手としての自覚あるいは感性が少々不足しているのかもしれない。彼女たちも、元来は強き者たちであるはずだ。女性たちは、強いからこそ、時代を超えて差別され、虐《しいた》げられてきた。ここにもまた、「一怯の怯え」現象がある。自分より弱いと思われる者たちを、誰も怖がらない。だから、虐げようともしない。歴史の中で女性たちが虐げられてきたのは、それだけ彼女たちの力が恐れられてきたからにほかならない。

おっといけない。このテーマにのめり込んでいると話がずれる。何はともあれ、女性たちのアホ不信が堅固であることを確認した上で、先に進もう。

ここにも不安と不信の綱引きが……

次は職業別にみた内閣支持状況だ（P157参照）。ここからは、「内閣支持」を表明した人々の支持率をみていく。本来であれば、ここでも支持・不支持双方の動向をみるべきだが、資料制約もあり、支持組の状況に注目する。

特徴は次の通りだ。

・内閣支持率の高さがことのほか目立つのが農林漁業層だ。このセクターは支持率が一貫して全体平均を上回っている。農林漁業の内閣支持率が全体平均を20ポイント近く上回る場面もみられた。

・対照的に、支持率が全体平均を一貫して大きく下回っているのが主婦層である。
・この両者を上下限として、その間に他の各セクターが分布している。
・これら中間組の中では、製造・サービス従事者層の支持率が総じて全体平均を下回る傾向にある。
・事務・技術職層と自営業者層は、総じて支持率が全体平均を上回る傾向にある。

これもなかなか考えさせられる。本来であれば、ここでいう階層分類の定義やそこに仕分けされている職業人たちの顔ぶれを厳密に把握する必要がある。他の属性統計とのクロス分析も行うべきところだ。だが、紙幅と時間の制約上、そこまでは立ち入れない。そこで、恐縮ながら、雑駁《ざっぱく》になることを覚悟で、勘所の把握を試みていきたい。

この雑駁把握の精神に則って考え進んでみれば、恐らくは、農林漁業層におけるコンスタントな全体平均超えの支持率は、かなりの程度まで、前項でみた男性たちのアホ・ラブ振りと重なる面があるだろう。農林漁業分野は、伝統的に自民党の強力地盤だ。何かと男性が活動の中心となる側面も強い。この辺りが、この調査結果に滲み出ていると

●内閣支持者の構成（職業別）

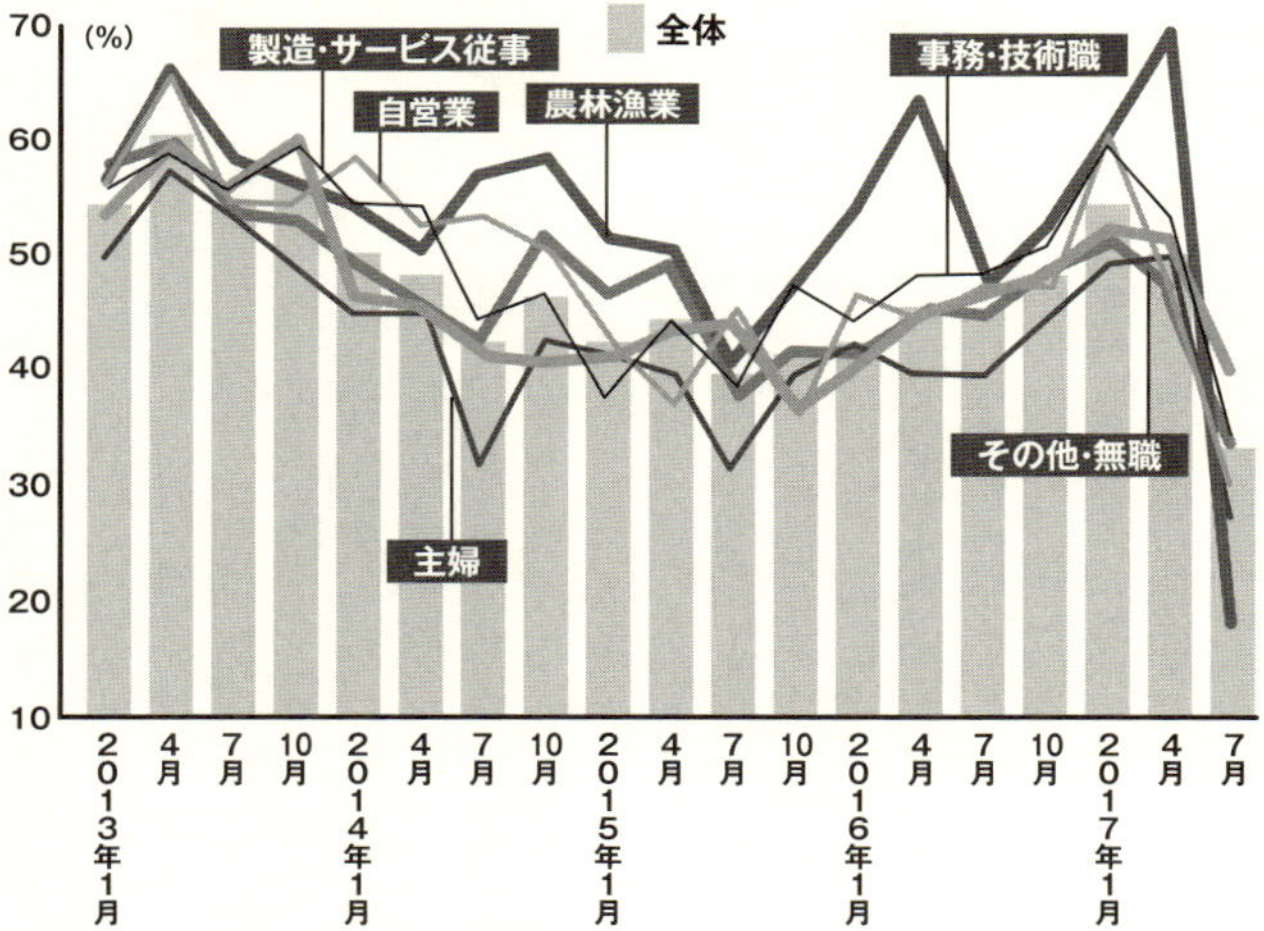

	事務・技術職	製造・サービス従事	自営業	農林漁業	主婦	その他・無職	全体
2013年 1月	55	53	55	56	49	57	54
4月	59	59	65	66	57	60	60
7月	55	55	54	58	53	53	54
10月	59	60	54	56	49	53	56
2014年 1月	54	46	58	54	45	49	50
4月	54	45	52	50	45	45	48
7月	44	41	53	57	31	42	42
10月	46	40	50	58	42	51	46
2015年 1月	37	41	42	51	41	46	42
4月	44	43	37	50	39	49	44
7月	38	44	45	40	31	37	39
10月	47	36	36	47	39	41	41
2016年 1月	44	39	46	54	42	41	42
4月	48	44	44	63	39	45	45
7月	48	46	47	47	39	44	45
10月	50	48	47	52	44	48	48
2017年 1月	59	52	60	60	49	51	54
4月	53	51	47	69	50	47	50
7月	34	39	30	18	27	33	33

※塗りつぶした欄はその月の職業別支持率の中で最も高かった層を示す

出典:朝日新聞出版『Journalism』2013年3・6・10・12月号、2014年4・6・9・12月号、2015年3・7・9・12月号、2016年3・6・9・12月号、2017年3・4・9月号「朝日新聞全国世論調査詳報」をもとに作成

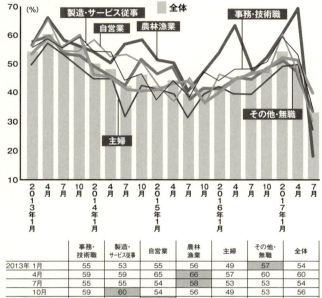

言えそうだ。

農林漁業層と主婦層の間に挟まれた中間組については、どうみるか。これもかなりの雑駁推測だが、製造・サービス従事者層はどちらかといえばサラリーマン度が高いものと思われる。つまり、それなりに生活が安定している人々だ。それに対して、自営業主層はもとより、事務・技術職層の中のフリーランス組は、常に先行き不透明な日々を送っている。この違いが支持率格差に反映された可能性がある。

前項の考察と結びつけて考えれば、「不安」要素が少ないサラリーマンたちにおいては、チーム・アホノミクスの得体の知れなさへの「不信」感が先行する。それに対して、「不安」が多い自営業主やフリーランサーたちは「不信」はさておき、経済環境を何とか良くしてもらいたい。

彼らとしては、「円下がった。株上がった」の波及効果に期待をかけたい。「強い日本を取り戻す」の響きにも期待がうずく。いわば不安と絶望がもたらす期待だ。ここに、下心の経済学の妖魔たちがつけ込んでくる。どうも、この力学がこの調査結果につながっているように思える。

面白いのが、「その他・無職層」だ。これも定義を確認する必要があるが、恐らくは、この階層こそ、最も、多くの「不安」要素に向き合っている人々だと思われる。その意味で、彼らが最も「強い経済、強い日本」のメッセージに引き寄せられそうなイメージである。

だが、調査結果をみれば必ずしもそうは言えない。彼らの内閣支持率は、かなりコンスタントに全体平均を下回っている。言い方に語弊がありそうで申し訳ないが、追い詰められる度合が高まることで、世の中を見る目がシャープさを増しているのかもしれない。だから、下心の経済学の怪しさを感じ取ることができる。それが同じ内閣支持組でも、やや警戒心を滲ませた姿勢が前面に出ているのかもしれない。

若者と高齢者たちの不安

属性別検討の最後は年代間比較である。ここでも、やはり前項同様、内閣支持組の中での支持率格差が示されている。

特徴を列記しよう。一見したところでは傾向の見極めが難しそうだ。だが、それでも、それなりの特性は読み取れる。

・内閣支持率が全体平均を上回る傾向が強いのが、20代・30代・70歳以上の各層である。19回の調査時点の中で、これらの世代の支持率が全体平均を下回った回数は、５～８回に止まっている。

・内閣支持率が全体平均を下回る傾向が強いのが、40代・50代・60代だ。この中で、最もその傾向がはっきり出たのが60代である。この世代の内閣支持率は19回の調査時点中、15回にわたって全体平均を下回っている。この数字が、40代においては10回、50代では10回となっている。

・内閣支持組の中で、著しく支持率の振れが大きいのが、20代である。この世代においては、世代支持率が全体平均を21ポイント上回った場面（２０１５年10月）があるかと思えば、逆に全体平均を11ポイント下回る場面（２０１５年１月）もみられた。他の世代においては、支持率のこのような乱高下はみられない。

●内閣支持者の構成（年代別）

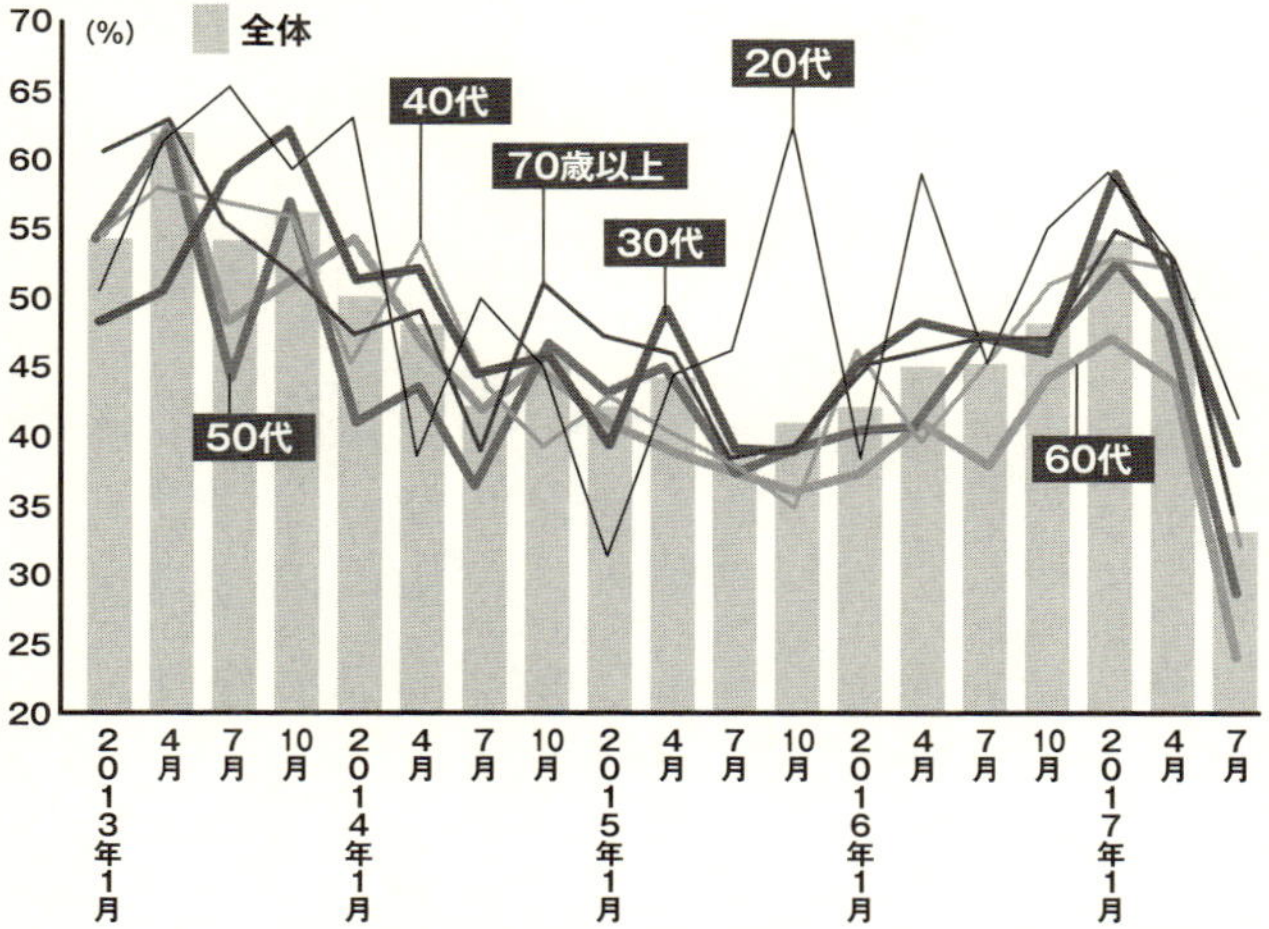

	20代	30代	40代	50代	60代	70歳以上	全体
2013年 1月	50	48	54	54	54	60	54
4月	61	50	58	62	63	63	60
7月	65	59	57	44	48	55	54
10月	59	62	56	57	51	52	56
2014年 1月	63	51	45	41	54	47	50
4月	38	52	54	43	47	49	48
7月	50	44	43	36	42	38	42
10月	45	46	39	47	45	51	46
2015年 1月	31	39	43	43	41	47	42
4月	44	49	40	45	39	46	44
7月	46	39	38	37	37	38	39
10月	62	39	35	39	36	39	41
2016年 1月	38	45	46	40	37	45	42
4月	45	46	39	47	45	51	46
7月	31	39	43	43	41	47	42
10月	44	49	40	45	39	46	44
2017年 1月	46	39	38	37	37	38	39
4月	62	39	35	39	36	39	41
7月	38	45	46	40	37	45	42

※塗りつぶした欄はその月の年代別支持率の中で最も高かった層を示す

出典:朝日新聞出版『Journalism』2013年3・6・10・12月号、2014年4・6・9・12月号、2015年3・7・9・12月号、2016年3・6・9・12月号、2017年3・4・9月号「朝日新聞全国世論調査詳報」をもとに作成

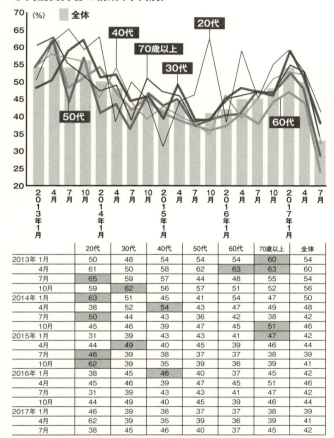

さて、以上をどう読むか。まず言えるのが、調査対象者の中の最も若い世代と最もシニアな世代において、内閣支持率が全体平均より高くなっているということだ。ただ、最高齢層が安定的な高支持率を示しているのに対して、最若年層の20代は支持率が大きく揺れている。果たして彼らを支持組に入れていいかどうかは、かなり決め手に欠けるところだ。どちらかと言えば、「気迷い組」あるいは「迷走組」と名づけた方がいいかもしれない。若さが出ていると言えそうである。

迷走の20代を含めて、若者と高齢者が総じて高い内閣支持傾向を示しているというのは、どういうことか。決めつけはもとより危険だが、どうも、ここでも「不安」対「不信」の綱引きが効いているように思える。

今の若者たちは先行きに対して多くの不安を抱いている。終身雇用・年功序列の時代は終わった。財政パンク状態と高齢化がセットとなる中で、社会保障制度がどこまで自分たちを守ってくれるか解らない。今の20代は、かつての20代が思いも及ばなかった年金制度や医療保険制度になかなか詳しい。政治や経済に言及する時、彼らは社会保障制度にしばしば言及する。現実感があり過ぎる印象さえ、受けることがある。それだけ、彼らにとって現実が厳しいということだ。それだけ、「強い日本」を掲げる政治にひきつけられてしまう面がありそうだ。

70歳以上もまた、不安は大きい。孤独死を心配したり、懸命になって蓄積してきた資産がどこまで生活の糧であり続けてくれるかについて、見通しが定まらない状況に直面している。「不信」を前面に出すよりは「不安」を解消してくれそうなスローガンを掲げる政治家たちを支持することで、安心感を得たい。そう考えていても不思議はない。

なお、これは全くの感触だが、この70歳以上の世代を「80歳以上」と「80歳未満」に細分化してみると、恐らく「80歳以上」において内閣支持率が全体平均をかなり下回っていそうに思う。戦争の実体験的記憶が生々しいこの人々においては、「不信」感覚がかなり深いと思われる。逆に「不安」要素は80歳未満層よりも軽くなっているかもしれない。

40代・50代・60代は「不安」対「不信」の綱引きにおいて、どちらかといえば「不信」が前面に出る傾向が強いと考えられる。これも一概に言うことはできないし、働く環境の中でたくさんの不安を抱えているという面も強いことは間違いないだろう。だが、ここで前項の職業別分類とイメージを重ね合わせて考えてみればどうなるか。

この世代の人々のうち、生活基盤が相対的に安定している職業人たちは、不安もさりながら、その向こう側に潜んでいる下心の経済学への不信感が先立つと言えるのではなかろうか。

21世紀版・大日本帝国行き列車の三つの基幹部品

三番目の注目すべき世論ポイントが、「施策別支持率」である。

安倍政権が繰り出してくる各種の構想や政策措置を、世論はどこまで支持しているのか。それをみていく。三つの政策テーマを取り上げる。「一億総活躍社会」と「働き方改革」、そして「安全保障法制」である。

「一億総活躍社会」という言葉は、前章でも言及したチーム・アホノミクスの「新三本の矢」との関わりで2015年9月から前面に押し出されてきた。「働き方改革」は、

２０１６年７月の参院選に向けて盛んに喧伝されるようになった。選挙後に行われた同年８月の内閣改造では、「働き方改革担当大臣」という新たな大臣ポストができた。さらに９月には、安倍首相の私的諮問機関として「働き方改革実現会議」がスタートを切った。

「一億総活躍推進」と「働き方改革」は、アホノミクスの中で切っても切れない関係にある。一億総活躍を実現するための働き方改革なのである。働き方改革については、２０１７年３月末に「働き方改革実行計画」が発表されている。「実現会議」での議論の成果を取りまとめたものである。

この「実行計画」がまとまったことを受けて、労働分野を巡るチーム・アホノミクスの下心の経済学は次のフェーズに入った。このところ、新たにとても前傾姿勢のプロモーション対象となっているキーワードが二つある。「人づくり革命」と「生産性革命」である。

またしても、アホノミクスの語彙が広がった。そろそろ「アホノミクス用語辞典」を出した方がいいかもしれない。ベストセラーになったりするといけないが。

「ひとづくり革命」と「生産性革命」は、「働き方改革実行計画」を受けて、「一億総活躍社会」に到達するための総仕上げの両輪となる。チーム・アホノミクスの大将は、このように構想しているらしい。かくして、21世紀版大日本帝国の経済基盤づくり計画は、いよいよ、「人」というテーマにぐっと焦点が絞り込まれてきた。日本国民には、大きくて強い経済の構築に効率よく貢献してもらわなければならない。そのために革命的な「人づくり」を行い、革命的に生産性を向上させなければならない。そのようなダブル革命の洗礼を受けた国民が、「世界の真ん中で輝く国創り」のために「一億総活躍」する。この構図に向かって、チーム・アホノミクスの野望が限りなく高まっていく。「一億総活躍社会」構想と「働き方改革」は、21世紀版大日本帝国づくりの「富国」面が担当だ。「強兵」面を担うのが、いうまでもなく憲法改正である。そして、安保法制は、そこに向けて外堀を埋めて行くための作業の大きな一環だ。

かくして、「一億総活躍社会」＋「働き方改革」＋「安保法制」は、チーム・アホノミクスが運行する21世紀版大日本帝国行き列車の基幹部品を形成してきた。ここでは、これらの重要パーツに関する世論の受けとめ方について検討していくことになる。

「一億総活躍社会」に魅了される若者たち

「一億総活躍社会」については、2015年10月に実施された朝日新聞世論調査が国民の評価を聞いている。前述の通り同年9月に「新・三本の矢」構想が打ち出されたのを受けてのことだ。その集計結果が次図（P168）のように出た。

これはなかなか衝撃的だ。ご覧の通り、驚くべき世代間格差が発生している。要点を列記しておこう。

・全世代を通じて唯一、20~29歳の世代において「期待する」が「期待しない」を上回っている。両者の間に22ポイントの開きがある。
・他のすべての年齢層においては、「期待しない」が「期待する」を上回っている。
・「期待しない」が「期待する」を上回る各世代の中で、両者の格差が最も大きいのが60~69歳層だ。39ポイントもの開きがある。

●安倍首相は、改造内閣で
「1億総活躍社会」の実現をかかげ、
担当大臣を任命しました。
この取り組みに期待しますか。期待しませんか。

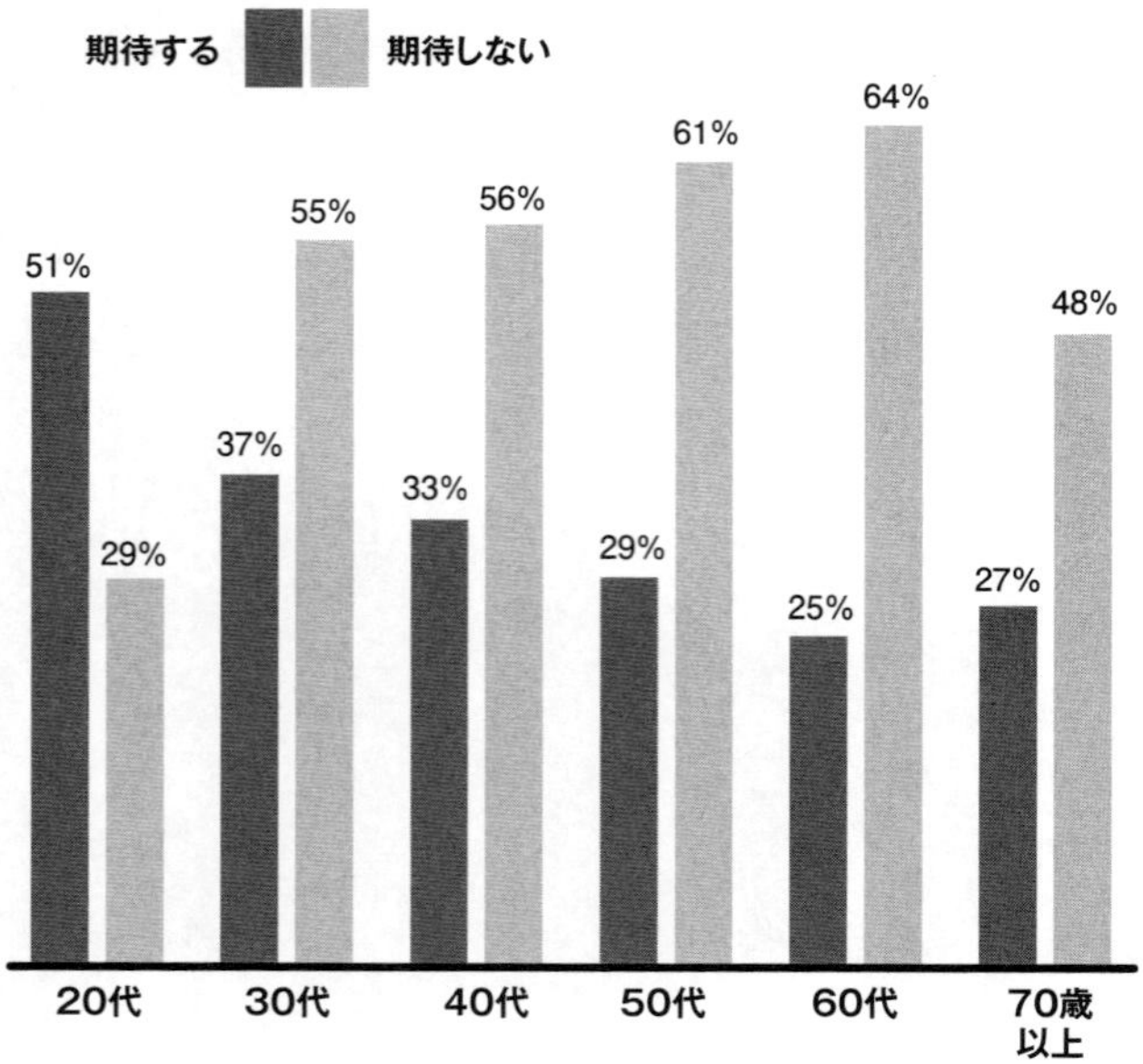

※2015年10月現在。合計は100%にならない場合がある
出典:朝日新聞出版『Journalism』2015年12月号「朝日新聞全国世論調査詳報」より

・「期待しない」が「期待する」を上回る各世代の中で、両者の格差が最も小さいのが30～39歳層だ。18ポイントの格差に止まっている。

みられる通り、若者たちは「一億総活躍社会」にすっかり魅了されてしまったようである。

ここで一つの謎が解けた。思い出して頂きたい。前項でみた世代別内閣支持率の推移において、20代組は全体平均との支持率格差の振れが著しく大きかった。そして、彼らの内閣支持率が全体平均を最も大きく上回ったのが、2015年10月時点だった。この時、彼らの世代の内閣支持率と全体平均の間には21ポイントもの開きが生じていた。そして、この前月に「一億総活躍社会」構想が本格デビューしていた。

要するに、2015年10月時点での若者たちのアホ・ラブは、「一億総活躍社会」のイメージを受けての盛り上がりだったわけである。一億総活躍なら、みんなにチャンスが巡ってくるということだ。

頑張れば報われるらしい。若者たちは、このスローガンをこのように受け止めて、ワクワク感を高めてしまったらしい。このスローガンによって、チーム・アホノミクスはどうも不安が一杯の若き世代のハートを射止めてしまったようである。そして、この効果は彼らのすぐ上の年齢層、すなわち30~39歳世代にも多少は波及したようである。

なぜなら、「一億総活躍社会」に「期待しない」が「期待する」を上回る世代の中で、この年齢層における期待格差が最も小さい。若者たちの不安感はどこまで深いのか。どこまで、彼らはチーム・アホノミクスが繰り出す甘い誘いの危険な香りに弱いのか。抵抗力がないのか。

一方で、中高年層は、さすがにこの怪しきキラキラ・ネーム的スローガンに対して徹底的にシニカルな受け止め方をしている。

前記の通り、特に60~69歳層が然りだ。彼らには、「一億総活躍」が「一億総動員」に聞こえる。この感覚に基づく忌避感の強さが、数字に表れていると言えそうである。その意味では、70歳以上層の「期待しない度」がもう少し高くてもよさそうだ。だが、前述の通り、ここは80歳未満層と80歳以上層の数字をみたいところだ。

働く人々の切迫感につけこむ「働き方改革」

「働き方改革」に進もう。2016年8月調査で、担当大臣が新設されたことへの期待を聞いている。再び世代別集計に注目してみよう。

要点を列記しておく。

・全世代を通じて「期待する」が「期待しない」を上回っている。
・「期待する」が「期待しない」を上回る度合は、18～29歳世代において最も大きい。37ポイントである。
・「期待する」が「期待しない」を上回る度合が最も小さかったのは、60～69歳世代である。ポイント差は19ポイントに止まっている。

ここでも、やはり若年層のアホ・ラブがかなり突出している。ただ、それもさりなが

●「働き方改革担当大臣」の新設の取り組みに期待するか

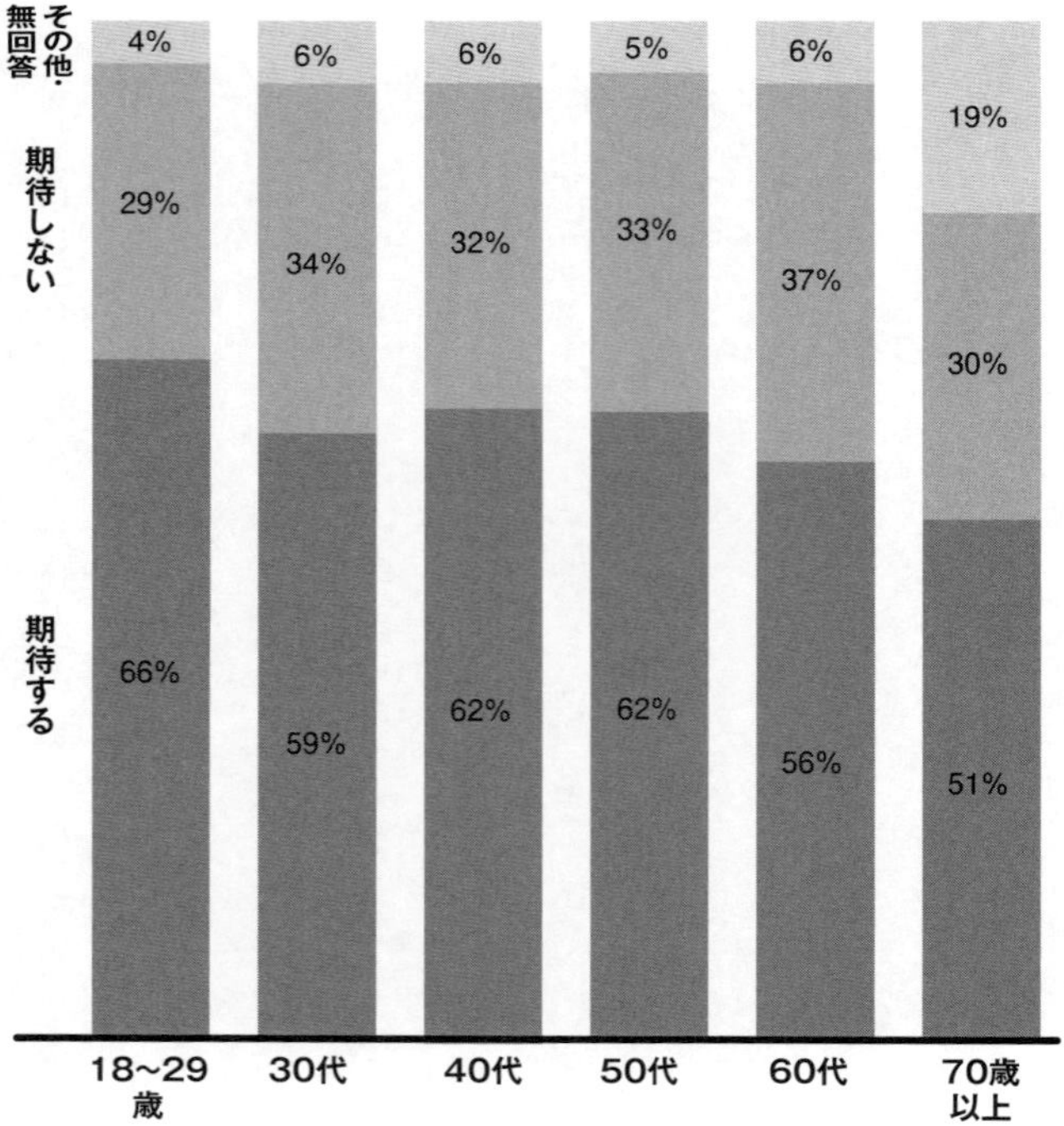

※2016年8月現在。合計は100%にならない場合がある
出典:朝日新聞出版『Journalism』2016年10月号「朝日新聞全国世論調査詳報」より

ら、全世代横断的に「期待」が「期待せず」を上回っているところが気掛かりだ。「働き方改革」には、「一億総活躍」が醸し出す復古調の響きがあまり感じられない。そのことが、中高年のアホ懐疑派においても拒絶反応を緩和したのかもしれない。働く環境の改善に関して、誰もがそれだけ切実な期待を抱いているということでもあるだろう。

それでも、60～69歳世代は一味違う。前記の通り、期待・不期待格差が他の世代に比べて明らかに小さい。「期待する」の比率が全世代中最も低い。逆に「期待せず」の比率は全世代中最も高い。

切実なところに切り込まれたにも関わらず、やっぱり他の世代に比べて腰が引けている。60代グループのアホ・ヘイトはかなり筋金入りだ。ちなみに、筆者もこの世代に入る。同世代人たちに乾杯。

若き平和主義者たちを翻弄する「抑止力待望論」

最後に「安保法制」である。これについては、一連の安全保障関連法が国会を通過した後の2015年10月に賛否を聞いている。

要点を整理しよう。

・全世代を通じて唯一、20〜29歳の世代において「賛成」が「反対」を上回っている。賛否の間に38ポイントの開きがある。
・他のすべての年齢層においては、「反対」が「賛成」を上回っている。
・「反対」が「賛成」を上回る各世代の中で、両者の格差が最も大きいのは60〜69歳層だ。26ポイントの開きがある。
・「反対」が「賛成」を上回る各世代の中で、両者の格差が最も小さいのが40〜49歳層だ。13ポイントの格差に止まっている。

何はともあれ、20代の若者たちの反応に息を呑む。回答者の6割が安保法制に賛成だと答えているのである。これはどういうことか。

今の優しき若者たちがそうそう戦闘的だとは思えない。一つ考えられるのが、「抑止

●安全保障関連法についてうかがいます。
集団的自衛権を使えるようにしたり、
自衛隊の海外活動を広げたりする
安全保障関連法に、賛成ですか。反対ですか。

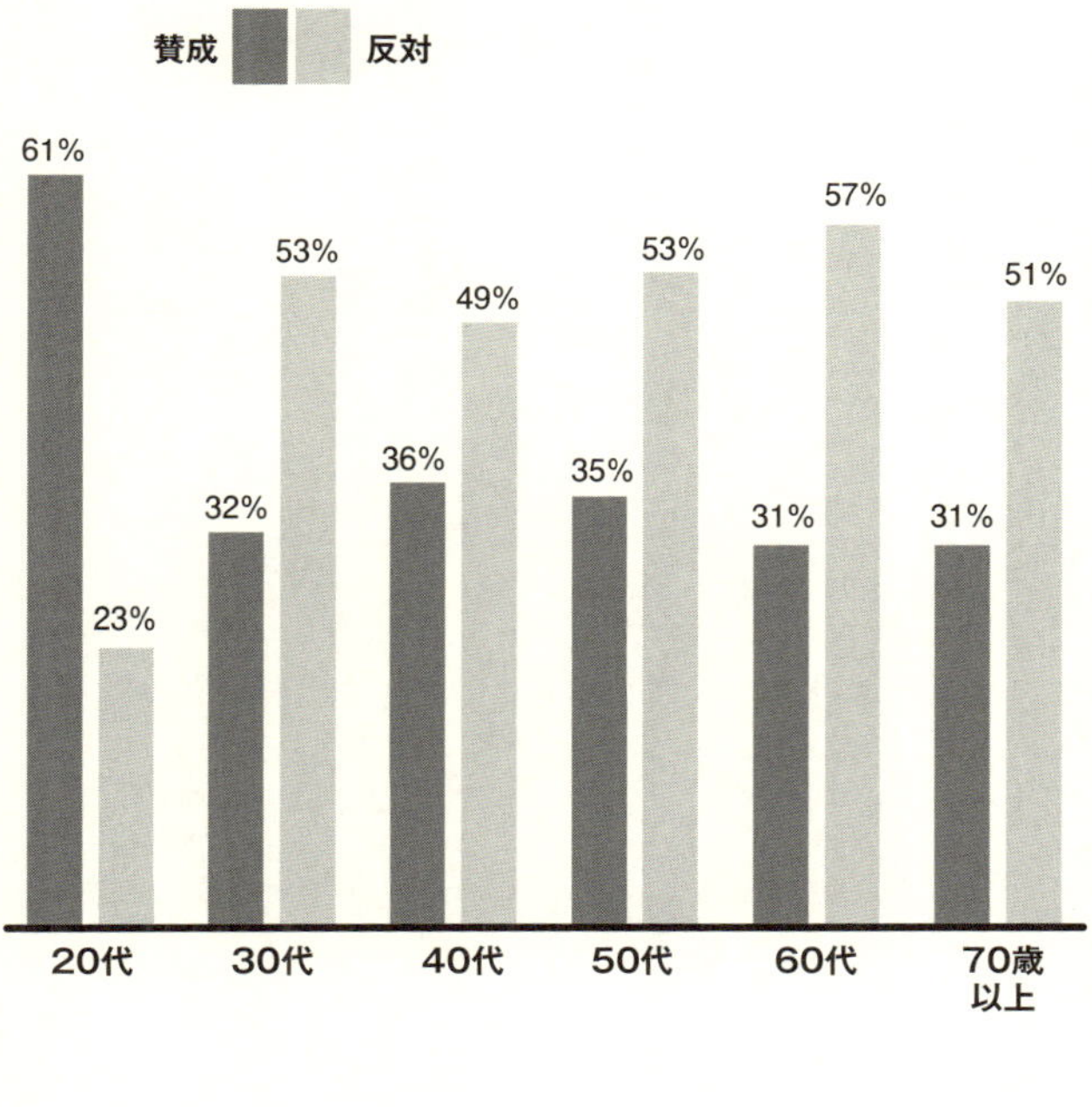

※2015年10月現在。合計は100%にならない場合がある
出典:朝日新聞出版『Journalism』2015年12月号「朝日新聞全国世論調査詳報」より

力」という言葉を誤解している、あるいはこの言葉に騙されている可能性だ。平和を保つためにこそ、国々は抑止力を持つことが必要だ。そのような論法に翻弄されているのかもしれない。

筆者も、そのような感覚で抑止力必要論を支持している若者の姿に遭遇したことがある。戦争を知らず、平和を愛すればこそ、安全保障の強化に正統性を見い出してしまう。彼らがそのような認識の迷路に迷い込んでしまっているとすれば、こんなに怖いことはない。

若者の不安につけ込み、世代間を分断する作戦

さて、ここからが肝心なところだ。「一億総活躍社会」に期待を膨らませる若者たち。働き方改革に夢を託す若者たち。平和を愛する強兵論者と化した若者たち。

大人たちは、彼らを糾弾してはいけない。彼らの認識不足にいきり立つようなことをしてはいけない。彼らに「F」判定を下してはいけない。悪いのは彼らではない。彼ら

の不安や戸惑いにつけ込む者たちである。

チーム・アホノミクスは、どうも世代間分断作戦を展開しているフシがある。「一億総活躍」から「一億総動員」を連想する世代と、そうではない世代。「安保」という言葉に戦争を重ねる世代と、平和のための抑止力に引き寄せられる世代。「働き方改革」の背後に何があるのかを探り出そうとする世代。「働き方改革」の行く先に希望を託そうとする世代。これらの対峙の構図を生み出すことによって、国民が国家に対峙する構図を突き崩していく。

それが狙いだとすれば、チーム・アホノミクスもなかなか狡猾だ。だが、この狡猾さも、露骨にやるから、すぐばれる。世論調査結果から引き出すべきものは、若者たちへの不合格判定では決してない。世代間分断を進めて、まともな大人たちから若者を遠ざけようとするチーム・アホノミクスの魂胆だ。最大級の「F」の烙印をおさなければならない。

その他の世論調査（参考）

● 安倍内閣支持者の支持理由

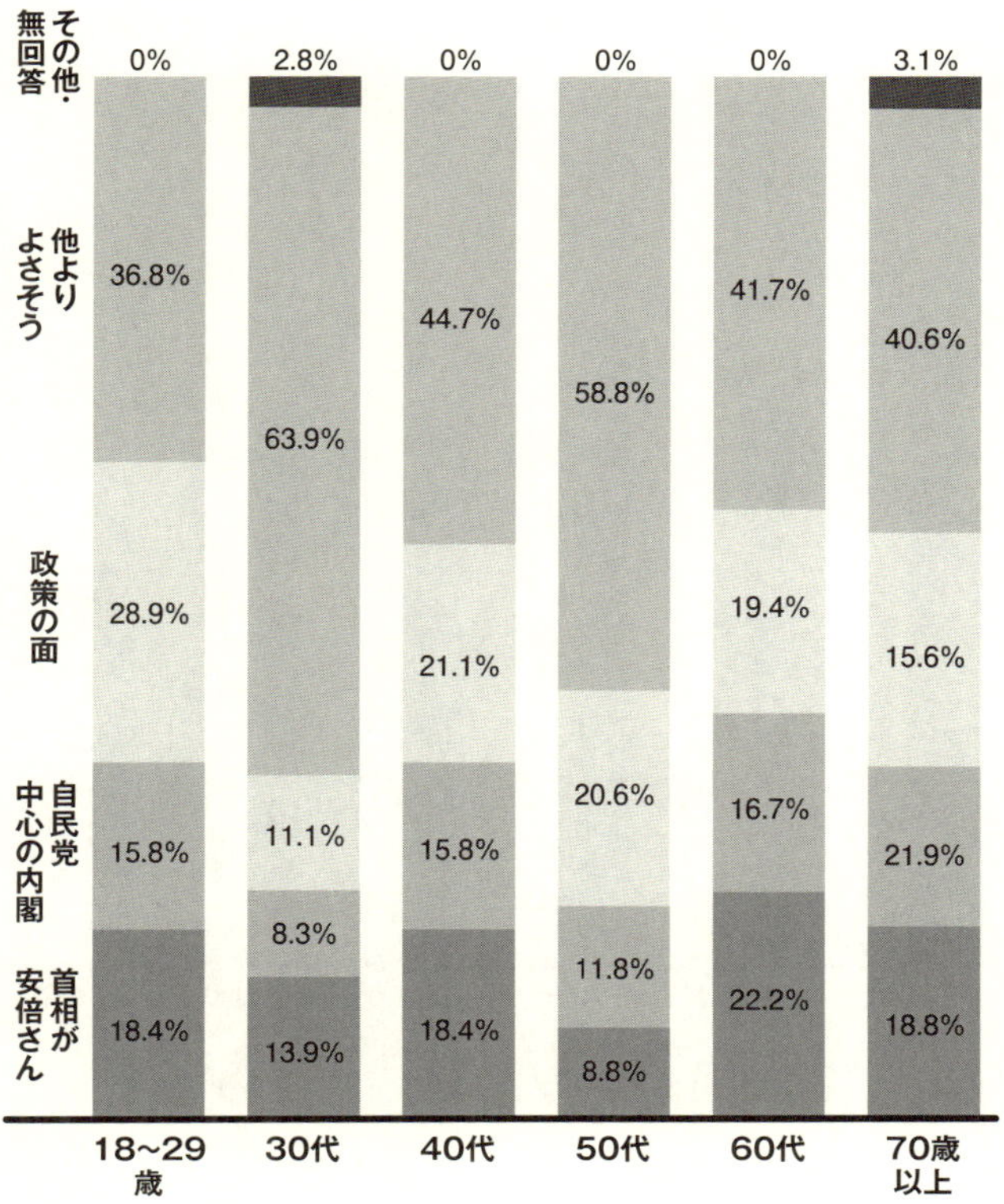

※2017年8月現在。合計は100%にならない場合がある
出典:朝日新聞出版『Journalism』2017年10月号「朝日新聞全国世論調査詳報」より

●この3年間の安倍首相の経済政策は、
全体として、成功だと思いますか。失敗だと思いますか。

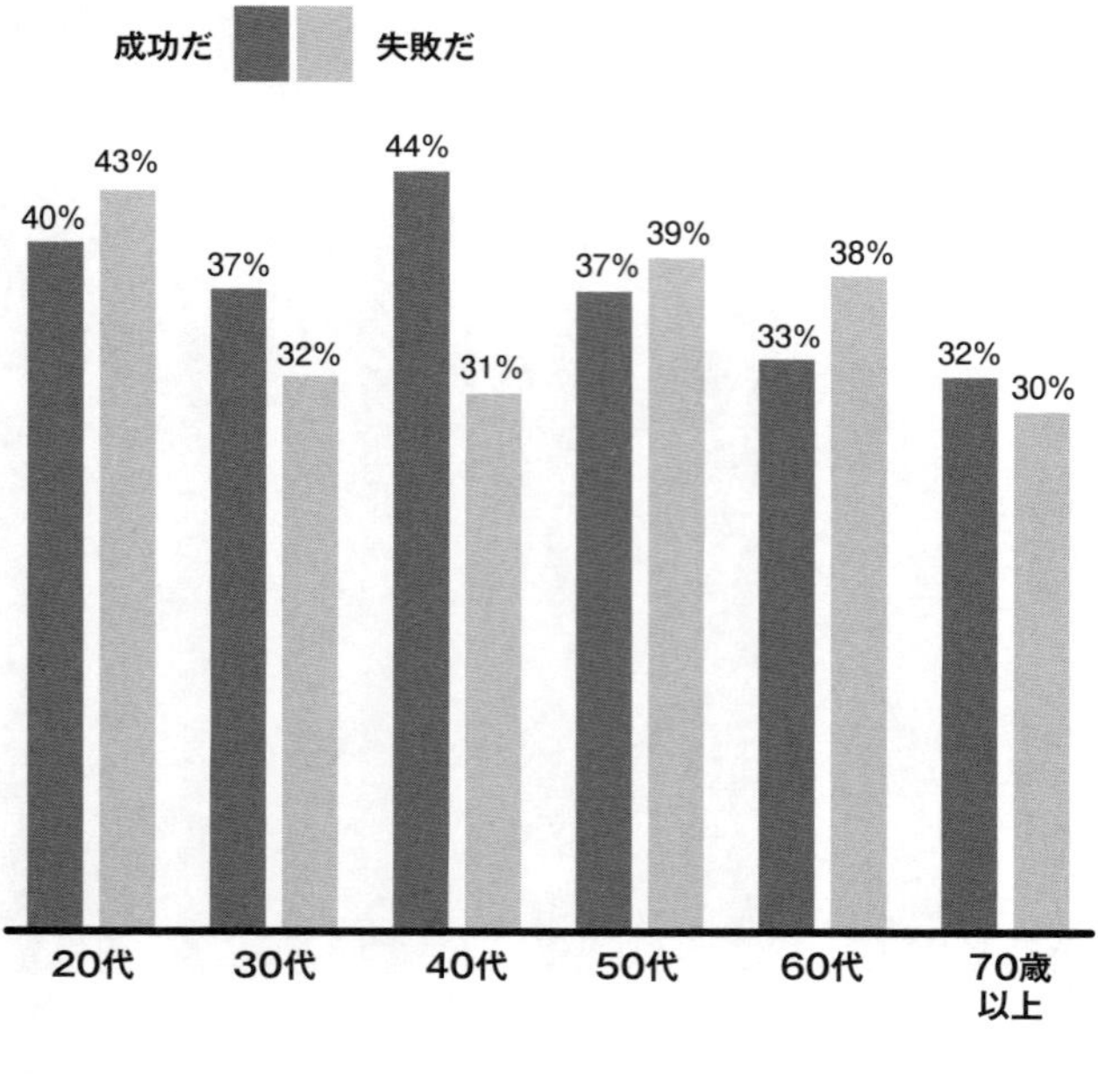

※2016年1月現在。合計は100%にならない場合がある
出典:朝日新聞出版『Journalism』2016年3月号「朝日新聞全国世論調査詳報」より

●安倍内閣発足以来の経済政策について

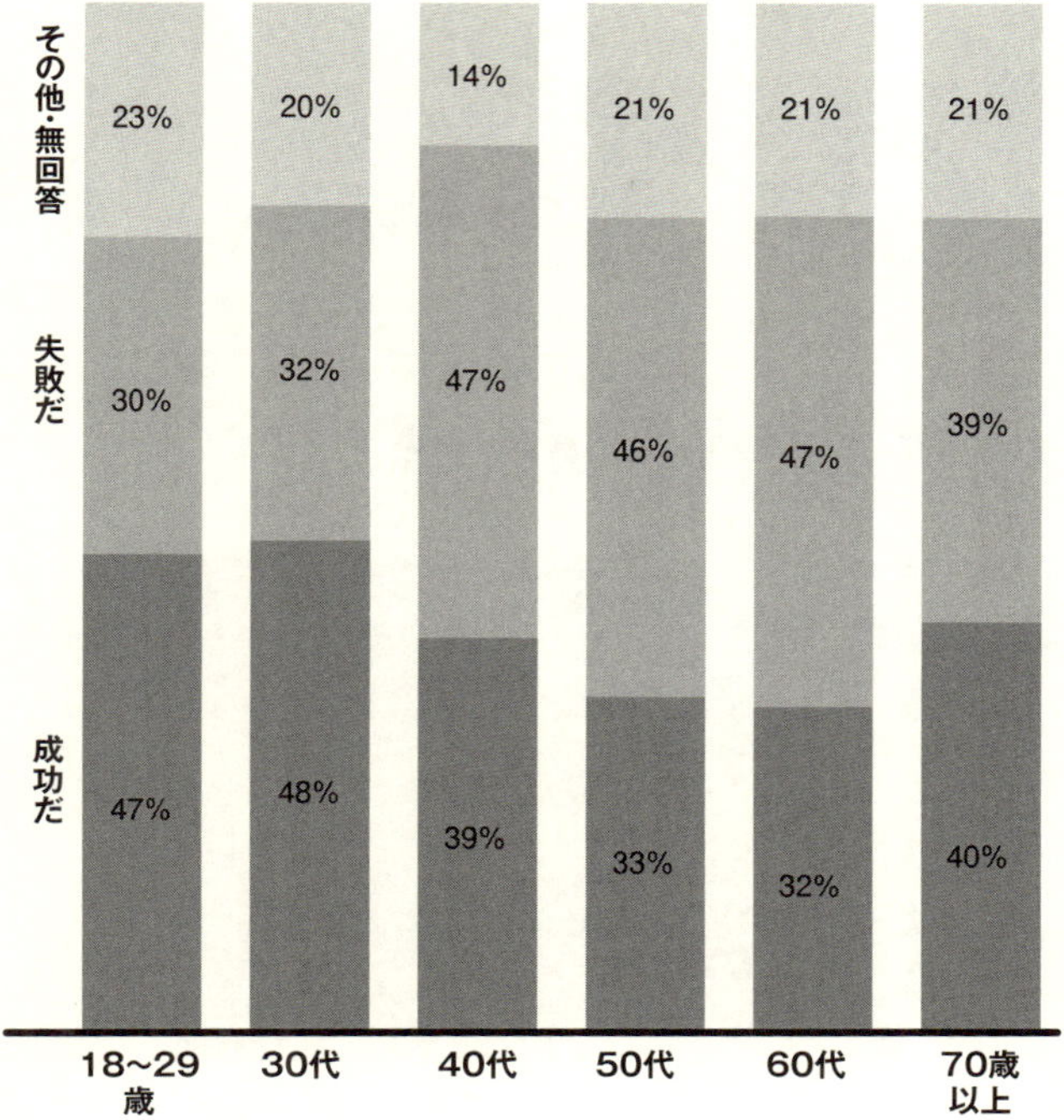

※2017年1月現在。合計は100%にならない場合がある
出典:朝日新聞出版『Journalism』2017年3月号「朝日新聞全国世論調査詳報」より

● 中国の海洋進出や北朝鮮の核ミサイル開発など、
最近の日本周辺の安全保障を巡る環境について、
どの程度不安を感じますか?

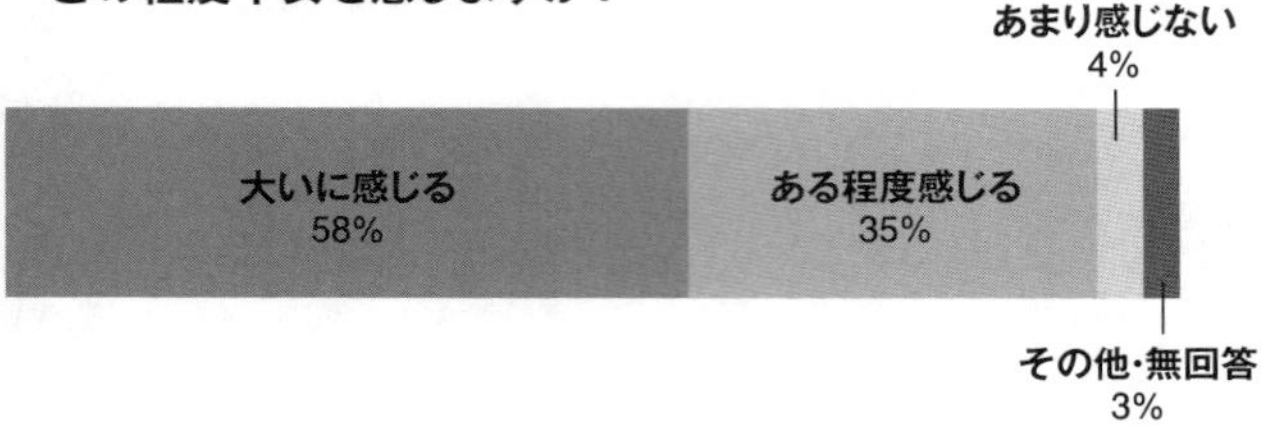

● 学歴や収入の格差による社会的分断が
日本にあると思いますか?

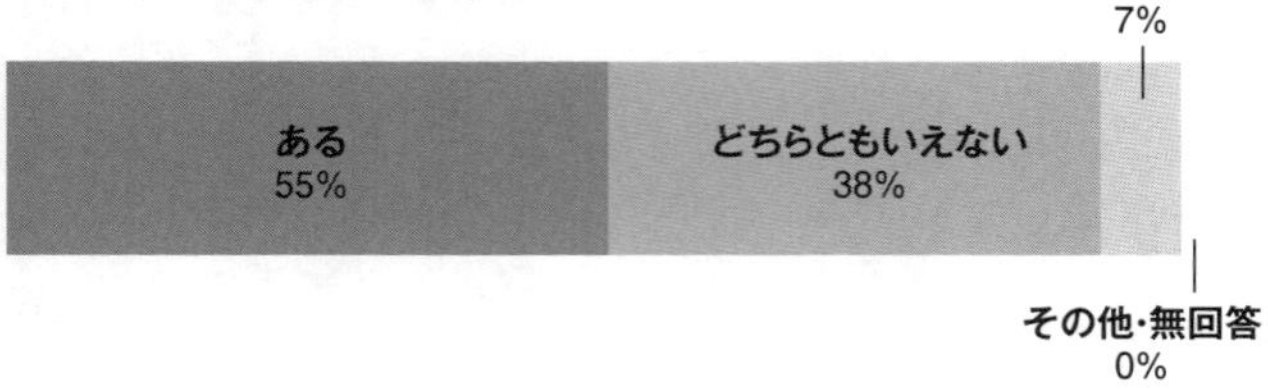

● 自国の利益追求と、国際社会への貢献では、
どちらがより大事だと思いますか?

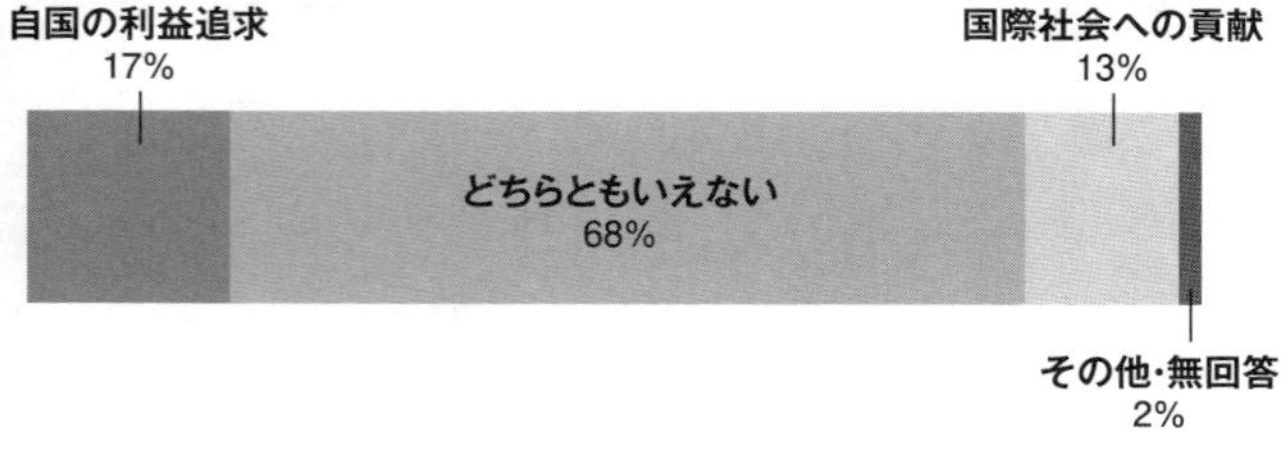

※2017年3月現在。合計は100%にならない場合がある
出典:朝日新聞出版『Journalism』2017年7月号「朝日新聞全国世論調査詳報」より

終章にかえて

チーム・アホノミクスに対する成績評価作業が終わった。やれやれである。成績評価はなかなか疲れる仕事だ。厳格でなければいけない。だが、公正でもなければいけない。私情が入ってはならない。好き嫌いに左右されてもいけない。チーム・アホノミクスに関してこれらのスタンスを貫くことは、なかなかどうして至難の技である。

だが、このしんどい作業を通じて実に色々なことがみえてきた。チーム・アホノミクス初の所信表明は、あまりにも生々しい国粋主義によって重苦しく彩られていた。そのことが、成長経済へのあまりにも強い執着振りにつながっていた。そこに、下心に根ざす経済政策の原点をみた。アホノミクスがアホたる究極の所以《ゆえん》がそこにあった。

下心に根ざす経済政策は、実に様々な形で日本経済の均衡を突き崩していた。その機能を損なっていた。日本経済から、我々を幸せにできる力を奪っていた。下心が暴走させる政策運営のお蔭で、日本経済は次第に呼吸困難に陥りつつある。彼ら自身が大好きであるはずの資本市場が、死の海と化し始めていた。強くて大きい経済の構築に固執するあまり、彼らは日本経済を硬直的で脆い状態に追い込んでいる。このまま行ったら、日本経済は窒息死にいたる。

世論調査に表れたチーム・アホノミクスへの評価からも、多くの重要な点を読み取ることができた。彼らが構成する内閣は、決して追随を許さない支持率を掌握しているわけではなかった。

実は、支持・不支持が拮抗している。支持・不支持の関係が大きく動く時、そこに働くのが不安と不信の綱引きだ。

人々が不安に駆られる時ほど、あるいは属性上、先行き不安が大きい人々ほど、「強い日本を取り戻す」という国家主義的なメッセージが世論を引き寄せる。有事感がもたらす支持率上昇だ。これに対して、不安の壁を飛び越えて不信が前面に出る時、人々の支持はチーム・アホノミクスから遠ざかる。だからこそ、チーム・アホノミクスは不安感を煽ることが大好きだ。その好みが、ついには「国難突破選挙」などという言い方を生み出した。

今、若者たちは多くの不安要素に取り囲まれている。だから、彼らはアホノミクスの強さのメッセージにおびき寄せられがちだ。そのことによって、彼らと中高年世代との間に認識上の距離が生じる。彼らがチーム・アホノミクスの若き戦士たちに仕立て上げられて行ってしまう恐れが出てくる。この点が、今回の成績評価の試みの中で得た最も怖い発見だったかもしれない。

若い世代を引き寄せ、囲い込もうとするのはファシズムの常だ。思えば、21世紀版大日本帝国の構築を目指す時、必要なのは若き力だ。20世紀の経験や痛みを思いの中に刻み込んだ中高年層は、21世紀版大日本帝国にとって邪魔者でしか有り得ない。

だからこそ、彼らと若者たちの間に分断の楔《くさび》を打ち込もうとする。あの何とも歯が浮き、背筋が寒くなるアホノミクスのキラキラ用語群は、それに抵抗がある者とない者をふるい分けるための道具なのかもしれない。

若者たちをこの魔の手から救出しなければならない。そのためにできることは何か。してはいけないことは明らかだ。それは、「今時の若者は」式の忌避反応をもって大人たちが彼らを突き放すことだ。彼らとともに歩んであげなければいけない。導くのではない。一緒に行く。一緒に考える。一緒にいる。何がなんでも、世代間対決に加担してはいけない。そうすることは、妖魔の森の住人たちの思う壺に陥ることを意味している。

チーム・アホノミクスの属性別反応でとても面白かったことが二つある。第一に、女性たちの彼らに対する拒絶反応がとても強い。第二に、60代世代もまた然りである。アホノミクス的下心を疑うこの人々の感性は、筋金入りだ。いみじくも、筆者は女性であり、60代世代だ。鬼に金棒。アホノミクス退治の役割と実に相性がいい。適性抜群である。限りなく力が湧いてきた。

60代の女性たちは、なぜアホノミクス退治の適性が高いのか。きっと、それは我々の母親たちによる家庭内教育の成果だろう。うら若き女性たちとして第二次世界大戦を実体験し、広島・長崎の惨状を目の当たりにした我々の母親世代。その徹底した揺るぎなき反戦平和の信条が、我らの魂に、怪しげな下心を察知する極上のセンサーを埋め込ん

●教育勅語の教材利用を認める閣議決定について

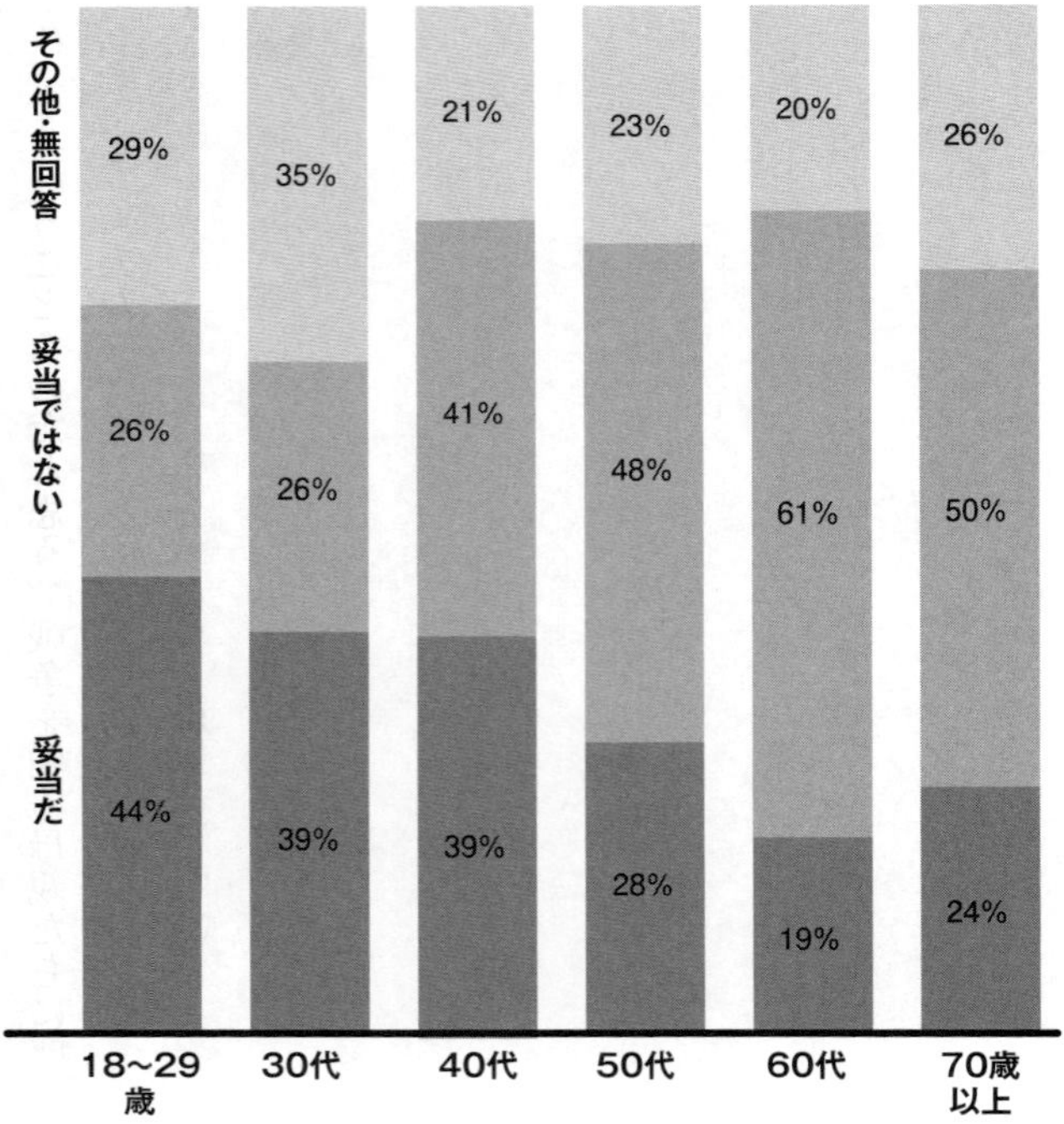

※2017年4月現在。合計は100%にならない場合がある
出典:朝日新聞出版『Journalism』2017年6月号「朝日新聞全国世論調査詳報」より

でくれた。そういうことなのだと思う。戦争を知る母親たちに感謝。

男女を問わず、大人たちは今、この下心察知センサーの感度をいまだかつてなく研ぎ澄まされたレベルまで高めておく必要がある。そうでなければ、若者たちを妖魔の森の毒牙から守れない。

なぜなら、前章には書き込み切れなかった驚くべき数字がある。２０１７年4月の朝日新聞世論調査で、「教育勅語の教材利用を認める閣議決定が『妥当』か、『妥当ではない』かについて聞いている（Ｐ１８８）。それに対する世代別回答結果をみると、18～29歳世代の何と44％が「妥当」と答えているのである。なお、「妥当」の回答比率が最も低いのは、やっぱり60～69歳世代だった。19％である。

かくして、闘いはまだまだ続く。だが、何かにつけてチーム・アホノミクス側に「一怯の怯え」が目立つ今、退治する側が怯むべき理由は何もない。

チーム・アホノミクスの通信簿づくりという今回の試みには、ことのほかパワフルな皆さんから、ことのほかパワフルなご支援を賜った。丸田明利氏、酒井富士子氏、大胡高輝氏のお三方である。豊富な情報とデータをしっかり整備して頂いたおかげで、重大な発見に到達することができた。深く深く感謝している。丸田氏には、遅筆に次ぐ遅筆で心臓にご負担をおかけした。貴重な仲間の命を削るような遅筆は本当にいけない。時間管理のパワーアップが必要だ。

２０１７年12月

浜　矩子

編集協力　丸田明利
株式会社回遊舎（酒井富士子、大胡高輝）
図　　版　村上麻紀
DTP制作　三協美術

これでも「アベ」と心中しますか？
国民の９割を不幸にする安倍政治の落第通信簿
2018年１月９日　第１版第１刷

著　者　浜 矩子
発行者　後藤高志
発行所　株式会社廣済堂出版
〒101－0052　東京都千代田区神田小川町
2－3－13　M&Cビル7F
電話 03-6703-0964（編集） 03-6703-0962（販売）
Fax 03-6703-0963（販売）
振替 00180-0-164137
http://www.kosaido-pub.co.jp

印刷所
製本所　株式会社廣済堂

装　幀　株式会社オリーブグリーン
ロゴデザイン　前川ともみ＋清原一隆（KIYO DESIGN）

ISBN978-4-331-52138-0 C0295